いつでも、どこでも、
ローリスクでできる
「新しいマネタイズ」

副業力

染谷昌利
Masatoshi Someya

日本実業出版社

はじめに

「副業」という言葉や、「副収入を得る」と聞くと、「ハードルが高そう」と思っていませんか？

2019年ぐらいから「副業（複業・兼業）」という言葉はテレビや新聞、雑誌、ニュースサイトなどから聞こえてくるようになりました。しかし、「副業」「パラレルキャリア」という言葉を見て、難しそう、自分には関係ないと思われる人も少なくありません。

・ただでさえ（本業である）会社の仕事が忙しいのに、別のことをやっている時間がない
・自分にはお金を生み出すようなスキルはない

こうした話は、「副業」をテーマにしたセミナーやワークショップでよく聞きます。

たしかに「副業」と言うと、コンビニエンスストアや飲食店などで、本業の合間に時給で稼ぐスタイルの働き方が頭に浮かぶ人もいるかもしれません。あるいは、特殊な技能が必要になるというイメージを持っている人もいることでしょう。

しかし「副業」は、労働集約型産業のような時間を切り売りするようなスタイルや、特殊な技能が必要なものばかりではありません。気軽に、自分の空いている時間を活用して、自分の好きなこと、得意な分野でひっそりとはじめることができるのです。

・うちの会社は副業禁止だから

これもよく聞くセリフです。

もし、「あなたの趣味が、実は副業のきっかけになる」と言われたら、どうでしょうか。
「趣味を副業にするだなんて、それこそ特別な人しかできないことだ」と思う人も多いかもしれません。では、「趣味」と「副業」の違いはなんでしょうか？

１つの要素として金銭的な収入が発生するかどうかということが挙げられます。

副業禁止の会社に勤務しているのであれば、急いで金銭を発生させなくても構いません。それよりも、いつでもお金を生み出せる状態にしておくことが重要です。そのきっかけは、あなたの趣味や得意分野です。

副業には十分な準備が必要です。準備さえしておけば、副業が解禁された、あるいは会社を辞めたときに、すぐにお金を生み出せるようになります。

たとえば、キャンプが大好きな人がいたとしましょう。
「キャンプ場の予約、テントからコンロ、食材、キャンプファイヤー、朝食後のコーヒーまで全部準備するから、みんなで**割り勘**で遊びに行こうぜ！」というのは趣味です。

では、これを収益化するためにはどうしたらいいでしょうか？

キャンプ場の予約、テントからコンロ、厳選された食材、キャンプファイヤー、朝食後のコーヒーまで全部準備するので、**1000円だけ原価に上乗せ**した参加費を回収できるようになったら、これは立派な「副業」です。参加者の満足度が高ければ、そのぐらいの金額は喜んで払ってもらえることでしょう。

20人集めたら２万円の利益が出る上に、参加者に喜んでもらえて、なおかつ自分も楽しい。月４回の土日で開催したら８万円の副収入になりますし、キャンプの楽しさに目覚めた仲間が増える可能性もあります。

たとえば、ハンドクラフトが趣味の人がいたとしましょう。

公園のどんぐりを拾って、世界に１つだけしかない手作りのアクセサリーを作ることは趣味です。その作ったどんぐりのアクセサリーを１つ1000円で販売する、あるいはどんぐりのアクセサリーを自分で作れるようになるワークショップを開催し、１人あたり500円の参加費をいただけたら、それは副業です。

たとえば、Excelが得意な人がいるとしましょう。

自分の仕事の効率化のために関数を活用する、同僚に質問されたのでマニュアルを作成したというのは本業です。その得意分野を活かして、休日にカルチャーセンターでパソコン教室の講師になる、あるいはExcelを教えるオンライン講座の先生になって動画を販売できたら収入が発生し、「副業」となります。

いかがでしょうか、なにか特別なことをしていますか？

お金が発生していなかったとしても、お礼に缶コーヒーやランチをごちそうしてもらったりする。極論、飲み会の幹事を引き受けて、自分の飲み代を参加者の会費に上乗せして、自分の会費は無料にするというのも、ある種の副収入です。

ほんの少し工夫することで、そしてお金をいただくという行動をすることで、趣味から収入を生み出す「副業」に変化するのです。そして**インターネットの情報発信力**をかけ合わせれば、規模感は大きくなる一方で、リスクは減少します。

本書では現在の「副業」にまつわる環境の解説から、具体的な「副業」のやり方まで、事例を交えて解説していきます。ぜひ気軽な気持ちで、どうすれば自分の趣味や得意なことがお金になるのか考えてみてください。

染谷昌利

副業力 目次

はじめに

Part_1
「副業×本業」で収入は倍増する

Chapter 1
「副業」が当たり前の時代に

Chapter 2
インターネット副業の種類と成功のコツ

Part_2
リモートワーク時代は「インターネットでローリスク副業」

Chapter 1
広告収入型副業

Chapter 2
スキル活用型副業

Chapter 3
オンラインショップ運営型副業

Chapter 4
オンラインサロン型副業

Chapter 5
電子書籍販売型副業

Chapter 6
動画配信型副業

Chapter 7
オンライン講座配信型副業

Part_3
副業のリスクと成功への道

Chapter 1
失敗しないために知っておくべきこと

Chapter 2
インターネット副業のリスクと対処法

Chapter 3
成功につながる行動法則

Interview

おわりに

※本書で紹介しているサービス等の内容は2020年10月現在のものです。

カバーデザイン　井上新八
本文デザイン　浅井寛子
イラスト　瀬川尚志

Part_1

「副業×本業」で収入は倍増する

#01

「大副業時代」の到来

どんな時代にも左右されない「副業×本業」の安定収入

変化が激しく、先行き不透明な現代は、たった１つの収入源で生活していくのは大きなリスクです。会社員は安定しているという考えを持っている人は多いですが、実は会社からの収入しかない時点で安定しているとは言い難いです。

新型コロナウイルスの感染拡大による2020年だけでなく、10年以上前に起きたリーマンショックも記憶に新しいところですが、仕事が急になくなってしまう可能性はいつの時代にもあります。

複数の収入窓口を作っておくこと、いつでも収入を得られる準備をしておくことは、これからなにが起きるかわからない時代で重要な行動になります。

もちろん、本業でたくさん稼いで、なにかあっても何か月かは耐えられるような状況にしておくというのも１つの方法です。あるいは、資産運用、たとえば株式投資や不動産投資といったあまり手をかけなくても副収入が入ってくるような仕組みを構築するのもいいでしょう。ただ、私は「副業と本業の仕事を合わせて収入源を増やしておく」ことを強くおすすめします。その方法を、これから解説していきます。

国も副業を推奨するようになってきた

幸いにも、国や大手企業は副業を容認する方向に舵を切っています。

2017年後半から大手企業による副業解禁の動きが活発になりました。この流れは政府の推奨する「働き方改革」の一環で、2018年1月に厚生労働省が発表した「副業・兼業の促進に関するガイドライン」が大きな影響を与えていると考えられます。

副業・兼業／厚生労働省
https://www.mhlw.go.jp/stf/seisakunitsuite/bunya/0000192188.html

とくに影響の大きい変化として挙げられるのが「モデル就業規則」の変更です。

常時10人以上の従業員を使用する使用者は、労働基準法第89条の規定により、就業規則を作成し、所轄の労働基準監督署長に届け出なければなりません。ゼロから独自の就業規則を作る会社もありますが、多くの会社は厚生労働省が提供している「モデル就業規則」を参考にして自社の就業規則を作成しています。

この「モデル就業規則」から、「許可なく他の会社等の業務に従事しないこと」という旧規定が削除され、新たに14章「副業・兼業」という章が設けられ次のような条文が加えられました。

(副業・兼業)
第68条 労働者は、勤務時間外において、他の会社等の業務に従事することができる。
2 労働者は、前項の業務に従事するにあたっては、事前に、会社に所定の届出を行うものとする。

あくまでもこの条文は「モデル就業規則」なので強制力はありませ

んが、国主導によるガイドラインの改定は多くの企業に「副業禁止規定」の再検討をさせるきっかけになっています。簡単に言うと、「モデル就業規則」の内容が「原則副業禁止」だったものが**「原則副業自由」**になったということです。

現状の仕事の満足度が高い人ほど、副業の希望率も高い

さらに、いろいろな就職情報会社が「副業」に関するアンケートを公開しています。

「１万人が回答！『副業』実態調査　エン転職ユーザーアンケート2019」では41％が副業を希望し、すでに32％が副業経験をしています。副業を希望する理由として一番多いのが「収入を増やしたい」という回答。続いて「視野を広げたい、スキルアップ、キャリアアップ」という回答になっています。

このアンケートには非常に面白い傾向があります。それは、「現状の仕事の満足度が高い人ほど、副業の希望率も高い」という点です。副業希望者41％という全体の数値のうち「仕事満足度が高い」と回答をした人の副業希望者は53％でした。

一方、「仕事満足度が低い」と答えた人の中の副業希望者は37％です。**現状の仕事が嫌いだから副業をしたいという人よりも、現状の仕事に満足しているからこそ副業をしたいという人が多いということです。**副業理由の第２位であるスキルアップ、キャリアアップを望んでいる層が多いのだと想定されます。

しかしながら、勤務先が副業を認めているところというのは23％程度というデータも出ています。

そして、副業で不安なことトップ３は「手続きが面倒」「本業への支障」「過重労働による体調不良」となっています。副業は労働時間を増やすといった、肉体労働的な印象が強いというのも１つの要因だと考えられます。

Chart 01

1万人が回答！「副業」実態調査 エン転職ユーザーアンケート2019

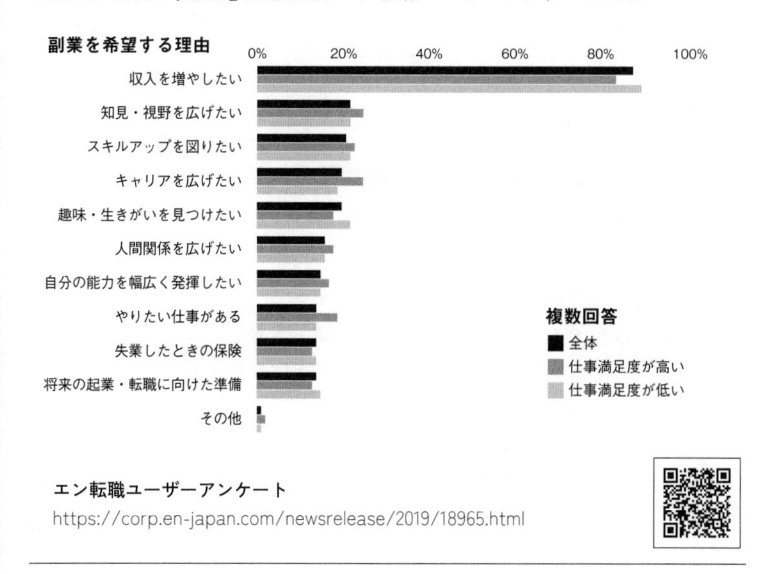

エン転職ユーザーアンケート
https://corp.en-japan.com/newsrelease/2019/18965.html

コロナショックの企業収益減少による、雇用形態の劇的な変化。大手企業も導入しはじめた、副業による外部人材の登用

さらに、企業主体での動きも出てきています。

副業（複業）採用といえばサイボウズが有名ですが、2020年には副業に関するニュースが大きく取り上げられるようになりました。

サイボウズ　複業採用
今の仕事を続けながら、サイボウズでも働きたい方を募集しています。
https://cybozu.co.jp/company/job/recruitment/fukugyou/

また、ライオンが「【副業兼業】ビジネスインキュベーター」とい

う職種を募集したのをはじめ、Yahoo! Japan（Zホールディングス）、ユニリーバ・ジャパンも外部人材の副業採用に舵を切りました。

なぜ、副業採用が拡大しているかと言うと、企業側・労働者側に次の5つのメリットが見込めるからです。

副業を進める上での企業側・労働者側のメリット

1．転職することなく他社の業務を経験できる
2．人材の流出を防ぐことができる
3．優秀な人を採用するチャンスが増える
4．新たな経験を得た社員による相乗効果が見込める
5．評価制度が変わる（柔軟になる）可能性が高まる

このように、企業、個人、双方がメリットを共有できる「副業（複業)」という考えが、いよいよ浸透してきたのです。

さらに大きな出来事がありました。ANAの「社員の副業を大幅拡大、他社で雇用契約OK」というニュースや、みずほフィナンシャルグループが「週休4日OK」にシフトするなど、超大手と言われている企業が社員の雇用を縛らない形での雇用形態の導入を進めたことは、大きな驚きをもって報道されました。

これは、新型コロナウイルスの影響による企業収益の減少が進む中、雇用は保証するものの、どうしても満足な賃金は確約できない企業の危機感が見てとれます。そのような中、「副業」や「他社での雇用もOK」という姿勢を打ち出すことで、社員の自由度を高める狙いがあります。

企業側にとっては社員の不満を抑えることができ、社員にとっては新たな収入源を積極的に確保できる。今後、こうした流れが加速していくことが予想されています。まさに、「副業力」を身につけて、いかなる時代環境にも左右されない行動をしていくことが求められるよ

うになっているのです。

会社、個人、双方が意識的になる必要がある

このように、副業を容認する企業は増えてきましたが、副業勤務を希望する人を受け入れる準備が整っている会社はまだ多くありません。しかし、企業側も能力の高い人材を社内に留め、新しい風を吹き込んでくれる人材を採用するための工夫が求められる時代になりました。

実は副業採用は大手企業にかぎった話ではなく、中堅中小企業、スタートアップ企業にも大きなメリットがある制度です。

スタートアップ企業は安定性という面で不安要素があります。しかしながら本業で大手企業に勤務している人であれば、収入よりも仕事内容や理念を重要視することが多いです。伝統的な中堅・中小企業であれば企業改革を全面に出してもいいかもしれません。

逆に大手・有名企業もスタートアップ企業の修羅場をくぐり抜けてきた人材を社内に迎えられるチャンスでもあります。

現在は新しい働き方やビジネスモデルを構築する転換期です。この時代の流れに乗って、新しい風を社内に迎える、新しい経験を自分の力でつかみ取れるかは、会社や自分自身の行動にかかっています。

Point

雇用形態が激変する今、
「副業」があなたの身を助ける

#02 自分の知識や経験をお金に変える準備をしよう

まずはとにかく行動に移してみる

副業が認められている会社であれば、自分の意欲さえあれば副業をはじめることができます。前項で紹介したように、大手企業でも副業容認の動きは出てきていますが、まだまだ現状では副業を解禁している会社は少数です。
一般的に、「本業以外の仕事で収益を得ている業務」が副業と認識されていますが、実は法律で「副業」に関して明確な定義はありません。会社の規定や就業規則によって、本業に影響が出る恐れがあるため、副業を禁止している会社が大半です。

時代の変化により会社に隠れてこっそりと副業に取り組む人もいるでしょうが（いわゆる伏業）、就業規則を気にして二の足を踏んでいる人が大多数ではないでしょうか。とはいえ、行動に移せることはたくさんあります。副業は「本業以外の仕事で収益を得ている業務」だとすると、収入を得ていなければ副業には当たりません。単なる趣味の延長線上になります。

本項では、**自分自身の「信用度」や「影響力」を向上させる点にフォーカスして、すぐにでもやっておきたい４つの行動**をご紹介します。信用度や影響力を高めておけば、お金を稼ぐことは容易になります。

行動① 勉強会やイベントに参加する

会社というのは非常に小さな世界です。しかし、不思議と勤めている人は、その小さな世界が世の中のすべてだと思ってしまいがちです。私も会社員時代はそうでした。

会社という環境から一歩踏み出して、社外の勉強会に参加することも、視野を広げ、新たな人脈を構築するための有効な方法です。

たとえば、「Peatix」という日本最大級のイベント管理サービスをのぞいてみると、さまざまな勉強会やセミナーが開催されていることに驚くはずです。有料・無料、オンライン・オフライン問わず、自分の興味ある分野の勉強会があれば積極的に参加してみましょう。会社内とは違ったタイプの人間と出会えるはずです。なおかつ同じテーマに関心を持っている参加者が集まっているので、一緒に学びを得ていく体験によって、その関係性は深くなっていきます。

Peatix
https://peatix.com/

オンラインのイベントが活況を呈している

行動②「情報発信力」を鍛える

現在はブログやSNS、YouTubeなど、個人が気軽に情報発信できるツールが増えています。情報発信力を高めておけば、自分が商品やサービスを開発した際に、直接、その商品を求める顧客層に情報を届けることが可能になります。

ブログやSNSで読者を集めることができていれば、そこから収益を得ることは容易です。詳細はPart_2で解説しますが、アフィリエイトと言われる成果報酬型広告や、クリック数に応じて報酬が得られるクリック報酬型広告など、**ブログ運営で生計を立てることも可能な時代になっています**。

ブログで生計を立てることも可能な時代に

行動③ 自分の「趣味」がお金にならないか調べる

自分の趣味がお金になるはずがないと思っていませんか？　それは単なる思い込みで、世の中には趣味をお金に変える仕組みが数多くあります。

たとえば、自分でアクセサリーや洋服を作る趣味を持っている人には、「minne」や「Creema」といったハンドメイド商品を売買できるサービスがあります。スマートフォンでインスタ映えする写真を撮影するのが趣味という場合、「スナップマート」という写真素材を売買できるサービスもあります。

今挙げたものはあくまでも一例ですが、自分の趣味が世の中に求められているのか調べてみてください。**もしサービスがあれば、売ることを意識して在庫を増やしてみましょう。**

ハンドメイド商品を売買できるようになった

行動④ 自分を中心とした「コミュニティ」を運営する

コミュニティと言うとあまりイメージがわかないかもしれませんが、簡単に言うと「自分がリーダーとなるグループ」です。グループのテーマはサッカーサークルのような気軽なものでもいいですし、マーケティング研究会といった意識高めなものでも構いません。

そして、リーダーと言っても堅苦しいものではなく、「半歩先を行く人」というイメージです。コミュニティ内のリーダーとメンバーの関係は、売り手と買い手ではありません。**同じ方向に向かって一緒に歩む仲間**です。リーダーが理念（やりたいこと）を語り、1つ上のステージに行くために必要な情報（商品）を提供することで、みんなで成長できて楽しい「場」を生み出すことができます。

定期的な勉強会で情報発信を学ぶ、FacebookなどのSNSで質問に回答する、バーベキューなどのイベントで交流を図る、などなどコミュニティの運営スタイルは人それぞれです。一緒に成長するために、楽しむために必要なもの（商品）を提示するだけで、共感してくれたメンバーはその価値にお金を払ってくれます。もちろん、無料で情報提供するだけでも構いません。その場が居心地良ければ仲間は残りますし、悪ければ去っていくだけの話です（このコミュニティ運営については、Part_2のChapter 4で詳しく解説します）。

自分を中心とした「コミュニティ」を運営する

このように、現在、副業禁止であったとしても、できることは数多くあります。1歩踏み出すか、その場に留まるかはあなたの意欲と行動力次第です。

Point

まずは行動あるのみ！
動かなければ現状はなにも変わらない

#03 副業で得られるお金以外のメリット

副業で得られる３つのメリット

副業と言うと、どうしてもお小遣い稼ぎというようなイメージがあるかもしれませんが、収入を得るだけでなく、他にも多くのメリットがあります。とくに大きなメリットとして「スキルアップ」「人脈構築」、そして「リスクマネジメント」が挙げられます。

・スキルアップ

１つ目は「スキルアップ」です。副業には本業以外の能力値を向上させる機会が数多く存在します。

たとえば、IT企業に勤務する営業担当者がウェブサイトのデザインやプログラムを学ぶことにより、クライアントに新たな提案ができる可能性もあります。同じ職務だけ続けている人と、実益も兼ねて新しいことにチャレンジし続けている人とでは、本業での成果も大きく変わってきます。

・人脈構築

２つ目の「人脈構築」も同様です。自分が動かないかぎり、新たな出会いは生まれません。会社内というかぎられた環境での知識と、複数の業界の人間と情報交換して得た知識はまったく違います。あなたの得意分野を提供することで、相手はあなたのことを信頼し、関係性は深まっていきます。
　私はこれまで、さまざまなイベントや情報交換会・異業種交流会で、企業や地方自治体、美容室などの店舗経営者、個人事業主など数多くの人と会ってきましたが、情報発信が得意という経営者に会ったことはほとんどありません。多くの団体や個人が自社・自分のPRに困っているのです。その場でできるかぎり価値を提供することで、信頼関係が生まれ、その後の仕事につながることも少なくありません。
　とはいえ、最初から強引に仕事を獲得しに行く必要はなく、まずは信頼関係を積み上げていくことで、人脈は太く強く、そして広がっていきます。
　なお、名刺の枚数と人脈はまったく関係ありません。いくら名刺交換をしたからと言って信頼関係が構築されていなければ、その後の展開はありません。信頼関係を構築するためには、自分の持っている役立つ情報を隠すことなく提供することが大切です。Give & Takeではなく、すべてGiveの気持ちで相手に喜んでもらえると思えることを伝えていきましょう。そのような姿勢のほうが、いずれ巡り巡って大きなTakeが返ってくるはずです。
　今はSNSが普及しているので、Facebookなどでゆるく交流を図りつつ、自分の得意分野の情報を発信したり、困りごとを抱えている人にアドバイスしたりして、知り合った方からの信頼度を向上させましょう。自分が困ったときに助けの手を差し伸べてくれるような関係性になって初めて人脈となります。
　なお、交流と言っても、SNSでまったく関係ないコメントをしたり、定型の挨拶をしたり、名刺交換した相手に勝手に自分のメールマガジンを送りつけたりするのは論外で迷惑がられますので注意しましょう。

・リスクマネジメント

　そして忘れてはならないのが、３つ目の「リスクマネジメント」です。
　今勤務している会社がいつまでも存続している保証はありません。

業績が安定している間に、自分のスキルを向上させ、人脈を広げておくことが、会社が倒産した際の最大のリスクヘッジになります。
日産やANAなどの大企業でも、新型コロナウイルスというブラック・スワンによって巨額の赤字を抱えてしまうのです。
現在の社会で絶対に安全ということはありません。突如として働き先がなくなってから転職先（収入源）を探す人と、事前に準備していた人とでは、気持ちや金銭面の余裕度は大きく変わります。

副業＝副収入という目先の話ではなく、自分の将来を豊かにするための選択肢を増やすという思考で本書を読み進めてみてください。

Point

事前にメリットを把握することで、具体的に動いていける

#04 時間給型のパート・アルバイトだけが副業ではない

副業＝時間給？

誰でも公平に１日24時間が与えられています。逆に言うと、いくら仕事のできる人でも１日は36時間になりませんし、働くことが嫌いな人の１日の時間が16時間にもなりません。

そして就寝時間を除いて考えると、実際に仕事に使える時間はかぎられているからこそ、その使い方次第で副業の収益も大きく変わってきます。

副業というと、時間給や日給で賃金が支払われる形式がイメージされやすい傾向があります。働いた時間に応じて報酬を得るタイプの副業です。代表的な職種としては「レジスタッフ」「接客業」「宅配スタッフ」「家庭教師・塾講師」「警備員」などが挙げられます。

また、厳密な時間給ではありませんが、新しい業態としてUber Eatsなど、「１件ごとの成果報酬」を提供するサービスも増えてきています。自分の時間を有効に使って報酬を得るスタイルです。

高収入には結びつきにくい

「時給型の副業」は働いた時間分の報酬を確実に受け取れる一方、働ける時間の上限がそのまま収入の上限となります。

アルバイト勤務をする場合、本業の就業後や休日に働くことが多いと思いますが、平日３時間・土日５時間ずつ働いたとして週25時間、４週で100時間の労働時間となります。時給1000円としたら10万円の収益です。時給型の副業で月数十万円以上を目指すのは難しいでしょう。
　また、過労による体調不良を引き起こす可能性もあり、時間と体調のバランスを考えながら就労することが重要です。万が一、アルバイトのやり過ぎで本業に悪影響を及ぼしてしまった場合、なにかしらのペナルティを受ける可能性もあります。体調を崩して長期間働けなくなってしまっては本末転倒です。

副業のスタイルは多様化している

「短期間でお金を稼ぐ」という目的で「時給型副業」に取り組むことは確実に目標金額を得るためには効果的ですが、本書の目指すスキルアップや人脈構築、リスクヘッジを考えると推奨できない副業のスタイルでもあります。
　もちろん「時間給（日給）型副業」が好き、向いている人がいるのも事実なので完全に否定するつもりはありません。しかし、「時間給型副業」しか知らずにその仕事をするのか、他にもたくさんの副業スタイルがあることを知りつつ時間給型を選ぶのかは大きな違いがあります。

　次項からさまざまなスタイルの副業を紹介していきますので、自分の目的に最適な形式を選択しましょう。

Point

「労働時間の対価＝収入」という
概念を変えよう

#05
「自分に合った副業のタイプ」を知ろう

取り組みやすい５つの副業

本項では「時間給（日給）型副業」の他にどのような副業があるのか、どのような環境の人が向いているのかについて具体的に述べていきます。

- ・自分の能力が活かせそうな副業はなにか
- ・どの副業を組み合わせれば効率的に働くことができるのか
- ・自分のライフプランを豊かにできそうな副業はなにか

このように考えながら、自分に最適なワークスタイルを見つけてください。

本業に従事しながら、空いた時間で副業に取り組むことは、慣れないうちはとても大変です。「お金を稼ぎたいから」という理由だけで副業をはじめても、体力的にも精神的にも疲弊してしまいます。

だからこそ、自分の好きなこと・得意なことで、楽しみながら学びながらスキルアップや人脈構築ができる副業を選ぶことをおすすめします。

本業だけの生活に副業が加わることで、あなたの世界は大きく広がっていきます。効率的に時間を活用する能力も向上していくことでしょう。副業が2つ3つとなれば、さらに多くの体験や学びを得ることができます。

① 能力給型副業

最初に紹介する副業は「能力給型副業」です。「副業」というよりも、「兼業」や「複業（パラレルキャリア）」という呼び方のほうが適切かもしれません。

本業の会社に勤務しつつ、月に数日間、他社で勤務するというスタイルで、Chapter 01で紹介したアンケート結果からも、これから広まっていく働き方になるでしょう。

会社員として複数の企業に勤務する以外にも、「能力給型副業」として考えられる職種があります。

たとえば、カメラマンや書籍の著者、翻訳者や講演家など、自分のスキルや知識、行動力次第で報酬を得ることが可能な職種も存在します。

ひと昔前はフリーランスの人間が仕事を探すことは大変でしたが、今ではランサーズやクラウドワークスを中心とした、クラウドソーシングサービスの普及により仕事を探すことが容易になりました。ブログやSNSでの自己発信も活発になっています。

本業の会社に勤務しつつ、月に数日間、他社で勤務する

② インターネット副業

次に紹介するのは「インターネット副業」です。

本書では本業と並行して、「インターネット副業」でお金を稼ぎつつスキルアップを図り、その収益で投資活動やシェアリング・エコノミー型副業など、お金でお金を稼ぐシステムを構築する、あるいはさまざまなスキルを身につけ、人脈構築を図り、複数の会社に勤務したり、副業をかけ合わせたりする「複業」への移行を推奨しています。

「インターネット副業」を駆使しないかぎり、複数の仕事を同時並行で進めていくことは困難です。時間は有限なので、いかに効率的にそのかぎられた24時間を活用するかがカギとなっているわけです。

インターネット上で展開できるビジネスは数多くあります。

インターネット上で展開できるビジネス

・ブログ／ウェブサイト運営による広告収入型副業
・クラウドソーシングサービスを利用したスキル活用型副業
　－記事作成（ライティング）
　－イラスト・写真
　－ウェブデザイン・プログラミング
　－翻訳
　－アプリ開発
・オンラインショップの運営
・YouTubeやライブ動画配信による広告収入
・オンラインサロンを中心としたコミュニティ運営
・Kindleやnoteを中心とした電子テキスト販売
・講座配信

次Partではこれらのインターネット副業について、細かく解説していきます。

③ 不動産や株式などの「投資型副業」

古くからある副業のスタイルとして「投資型副業」があります。いわゆるお金に働いてもらって、利息や配当、家賃収入を得るスタイルの副業です。

代表的な投資先は「株式」や「不動産」が挙げられます。最近では「FX（外国為替証拠金取引）」や「仮想通貨（暗号資産）投資」も一般化してきています。とはいえ、FXや仮想通貨はまだ投機的要素が強く、ハイリスク・ハイリターンな投資（投機）方法になるので本書では割愛し、株式投資、不動産投資について簡単に解説します。

もちろん投資にはメリットだけでなく、リスクもあります。儲かりそうだから、みんながやっているからと仮想通貨取引に踏み込んで、大損した人も少なくありません。それはブームに煽られ、知識を得ないままお金をつぎ込んだ結果です。しかしデメリットやリスクは学びを深め、経験を積むことで減らすこともできます。

本格的に投資を検討している人は、必ず専門書などで理解度を高めてからチャレンジしましょう。間違えてもインターネット上の情報だけで大金を投入してはいけません。

・株式投資

株式投資とは、企業が発行する株式を購入することで、企業が出した利益の一部を株主に還元する「配当金」を得たり、株価上昇による「売却益」を得たりする投資方法です。

株式投資のメリット

・配当金・株主優待（インカムゲイン）が得られる可能性

・売却益（キャピタルゲイン）が得られる可能性
・会社経営に参加できる

株式投資のリスク

・売却損（キャピタルロス）の危険性
・企業の倒産リスク
・流動性リスク（現金化のタイムラグ）

・不動産投資

不動産投資とは、アパートやマンションなどを購入して家賃収入を得たり、購入した物件の価値が上がったときに売却し、売却益を得たりする投資方法です。基本的な考え方は株式投資と一緒ですが、不動産という価格の大きな投資方法になることや、居住者とのコミュニケーションや建物の老朽化など、不動産投資特有の注意点があります。

なお、不動産投資の利まわりは、賃料÷不動産購入価格で算出されます。株式投資と違って、運営にコストがかかる投資方法なので、高めの利まわり（可能であれば8%以上）を目指して物件の取得を検討しましょう。

不動産投資のメリット

・年単位で安定した賃料収入（インカムゲイン）を確保できる
・売却益（キャピタルゲイン）が見込める
・節税効果がある（経費計上が可能）

不動産投資のデメリット

・空室リスク
・建物や設備の老朽化リスク
・金利リスク

・流動性リスク（即時の現金化が困難）
・不動産価格下落リスク

これからますます少子高齢化と人口減少が進むことが予測され、不動産価格にも影響を与えます。人が少なくなるということは居住物件の需要が下がりますし、高齢者の割合が増えるということは不便な場所にある物件は不人気になる可能性が高いからです。都市部の駅チカ物件で、高齢者に優しいバリアフリー化されている物件の需要は高まると思われますので、時代の流れも踏まえて投資物件を検討しましょう。

いずれにしても「投資型副業」をはじめる前には、書籍を読んで知識を充足させ、小さな金額からトライしていくことが重要です。あくまでも「副業」だということを忘れてはいけません。

投資家は数え切れないぐらいのトライ＆エラーを繰り返し、資産を増やしています。ずっと成功し続けている人など存在しません。価格下落により資産が減ることも考えられます。いきなり全財産を突っ込むのではなく、最初は余剰資金で運用を開始し、少しずつ金額を増やしていきましょう。

④ シェアリング・エコノミー型副業

「シェアリング・エコノミー」とは、個人が保有する不動産などの遊休資産をスマートフォンやパソコンなどのテクノロジーを活用し、貸し出しを仲介するサービスを指します。

貸主は遊休資産を貸し出すことにより収入を得ることができ、利用者は数多くの案件の中から自分の希望に合わせて内容や価格を吟味して利用することができます。貸し借りが発生する以上、サービスの信頼性が重要となりますが、それは貸主がサービス仲介業者に登録する際の評価と、利用者の評価によって証明されます。またサービス仲介業者による保証によっても信頼性は高められています。

不動産のシェアやカーシェアにとどまらず、自分自身のスキルを売買するサービスも増えており、日本でもシェアリング・エコノミーは急成長しています。

具体的には、宿泊施設などを仲介する民泊サービス「Airbnb」、会議室やイベントスペースを仲介する「スペースマーケット」、駐車場を仲介する「akippa」、所有する車を個人間で貸し借りできる「Anyca」、保有スキルを仲介する「ココナラ」「ストアカ」など、数多くのサービスが展開されています。

参考 シェアリング・エコノミー
ソーシャルメディアを活用した新たな経済／総務省
http://www.soumu.go.jp/johotsusintokei/whitepaper/ja/h27/html/nc242110.html

空き部屋をシェアできる「Airbnb」
http://www.airbnb.jp/

Airbnbは190カ国3万4000以上の都市で100万件以上の物件情報を提供している、世界最大級の民泊サービスです。空き部屋やスペースなどを保有している貸主（ホスト）と、宿泊施設を探している旅行客（ゲスト）をつなげるプラットフォームを提供しています。

ワンルームマンションから一軒家（自宅の一部も可）、駅近物件から隠れ家的物件まで、多様な物件情報を提供しており、貸主になることで賃貸収入を得ることが可能です。最近ではAirbnb用に物件を購入する人も増えてきており、不動産投資の一種になっています。

しかしながら、誰でも簡単に貸主になれるわけではありません。民泊をはじめるためには「住宅宿泊事業法（民泊新法）」上の届出が必要になります。届出については観光庁が提供している民泊制度ポータルサイトがあるので、必ず確認しておきましょう。

民泊制度ポータルサイト
http://www.mlit.go.jp/kankocho/minpaku/

会議室やイベントスペースをシェアできる「スペースマーケット」
https://www.spacemarket.com/

「スペースマーケット」とは、民泊とは違い、貸し会議室やイベントスペースをレンタルするためのプラットフォームです。会議室の場合、ホワイトボードやデスクセット、Wi-Fiやディスプレイなどのビジネスに使われる機材が必要となりますし、パーティールームであればキッチンやソファーなど、居住性の充実が求められます。

駐車場をシェアできる「akippa」
https://www.akippa.com/

「akippa」は全国の空いている駐車場の一時利用を仲介するサービスです。借主は希望価格で確実に駐車できる場所を確保でき、貸主は空きスペースを有効利用して収入を得ることができます。

自家用車をシェアできる「Anyca」
https://anyca.net/

Anyca（エニカ）は、自家用車をシェアするカーシェアリングサービスです。借主は軽自動車からワンボックス車、オープンカーに外車

まで、多種多様な自動車を用途や好みに応じて利用することができます。貸主は、土日にしか使わない自家用車を平日レンタルするなどして、収益を得ることができます。

「ココナラ」みんなの得意を売り買いする スキルマーケット
https://coconala.com/

「ストアカ」教えたいと学びたいをつなぐまなびのマーケット
https://www.street-academy.com/

得意分野やスキル、経験を売り買いできるシェアリング・エコノミーも増加しています。ココナラは総合的にスキル売買ができるサービス、ストアカはスキルを教える講座のマッチングサービスと、各サービスによって特徴が異なります。

スキルや知識を保有している人は、その得意分野を収益に変えられる時代になったわけです。

⑤ 資格活用型副業

資格がないと副業ができないわけではありませんが、資格を取得しておくことで副業の幅を広げることはできます。副業のために資格を取るのは大変ですが、すでに資格を保有しているのであれば有効活用しましょう。

比較的取得しやすく、なおかつ副業に活用できそうな資格を一部紹介します。

・ファイナンシャルプランナー(FP)

ファイナンシャルプランナーは、顧客から収支や負債、家族構成、資産状況などの情報提供を受け、その情報をベースに将来のライフプランに応じた資金計画やアドバイスを行なう職業です。FPの知識を活かして金融機関等に勤務する人もいれば、独立したFPとして相談料、会員（顧問）契約の報酬、原稿執筆、講演活動などで収益を得ている人もいます。

・宅地建物取引士（旧称：宅地建物取引主任者）

宅地建物取引士は、不動産会社が行なう、宅地や建物の売買や貸借などの取引に対して、購入者等の利益の保護と円滑に物件が流通するように重要事項の説明などを行なう、不動産取引法務の専門家です。

不動産関連の事務所や企業などは、従業員５人に１人の割合で宅地建物取引士を配置する義務があります。そのため、宅地建物取引士は安定して需要が高い職業です。またFPと同様に独立して不動産業を営むことも可能です。

宅建試験
http://www.retio.or.jp/exam/takken_shiken.html

・趣味を活かした資格

民間資格ではありますが、たとえば趣味を活かすものの１つとして「審判員」という副業のスタイルもあります。野球やサッカー、バスケットボールなど、審判員資格を取得しておくことで、地域の試合の審判員として働くことが可能です。とはいえ、報酬自体は決して多くないので、趣味と地域貢献的な考えで取り組むことをおすすめします。

アマチュア野球公認審判員 公認審判員３級認定講習について
http://www.baseballjapan.org/jpn/system/prog/bfj_news.php?&i=115

日本サッカー協会 審判制度概要
http://www.jfa.jp/referee/system/

他にも「温泉ソムリエ」や「コスメマイスター」「整理収納アドバイザー」などの民間資格を楽しみながら取得することで、あなたの発信力の信頼性を増すことができます。「年間150か所の温泉を巡る温泉ソムリエがおすすめする日本の秘湯３選」といったYouTube動画は、温泉好きであればつい見たくなりますよね。

独学で得た知識や体験を発信することもいいですが、第三者機関の信用を活用することも自分の発信の信頼性を上げるためには必要な要素です。

Point

**空いている時間を有効に使い、
取り組みたいものからはじめよう**

#06 「副業×本業」で相乗効果を得る

本業と副業を共存させる３つの方法

本業はメインのキャリアとして働き、副業は単に足りないお金を稼ぐためのものと考えている人も多いです。ですが、本業だけがんばっていれば安心という時代でもなくなりました。ここでは、本業と副業をかけ合わせることで、相乗効果を生み出している事例を紹介します。

「副収入がほしい」という理由で副業に取り組むことを否定するつもりはありませんが、副業はもっと大きな可能性を秘めています。その可能性を最大化させるためには、**目的として、ゴールにたどり着くためのプロセスを明確にしておく**必要があります。

・本業の実績を軸に副業を展開していく

１つ目が、「本業の実績を軸に副業を展開していく」というやり方です。

もちろん、人それぞれキャリアや会社のルールの違いがあるので、全員が本業の実績をアピールして副業に連動させられるわけではありません。しかし、社会的に実績が認められている人であれば、経験に基づいて講演活動や書籍の執筆、社外取締役などに就任してキャリアをさらに伸ばしていくことが可能になります。もともと副収入を狙っているわけではなくて、結果として本業以外からの報酬を得られるようになる形です。

経験に基づいてキャリアをさらに伸ばしていく

・副業の経験を先に積み、副業で得た知見を本業にフィードバックしていく

２つ目のほうが現実的で、「副業の経験を先に積み、副業で得た知見を本業にフィードバックしていく」スタイルです。

本業で出会える人と、副業・趣味の場で出会える人の属性は異なります。副業側の活動を活かして自分の能力を上げつつ、社外の人脈を増やして本業の仕事につなげることが可能になります。

社外に相談相手がいるというのは、社内の人間しか知らない人と比べて大きな優位性になります。新たなアイデアは同じ環境にいる同僚からは出てきません。社外の友人とのふとした会話から、革新的なひらめきのヒントを得ることができます。そのアイデアを具現化し、評価を上げて、会社内でのキャリアを伸ばしていくことで、結果として給与が上がるかもしれないですし、実績が社会的に認められれば１つ目の形で社外での活動が増えていく可能性もあります。

副業の活動を活かして人脈を増やして自分の仕事につなげる

・転職あるいは独立の選択肢を増やしていく

３つ目は、「副業はお金稼ぎのためだ」と割り切って考え、「転職あるいは独立の選択肢を増やしていく手法」です。本業しか収入源がない人と、副収入が月３万円あるという人とでは将来の選択の幅がまったく違います。

たとえば転職活動時に、「やりたい仕事なんだけど、どうしても給料が下がってしまう」という経験を味わった人もいるかもしれません。私は個人的には給料が下がる転職はなるべくしないほうがいいと思うタイプですが、もし副収入が月３万円あるのであれば、給料が下がる転職も選択肢に入ってきます。

また、副業や趣味の場で培ったコネクションや信頼関係は、転職活動の際にとても有効に働きます。転職活動は求人媒体や人材紹介などのサービスを利用し、自分が次の勤務先を探すことが一般的です。しかしながら、副業で社外のコネクションを構築していれば、あなたが転職を検討していると軽く発言するだけで「うちの会社で働きませんか？」という声がかかるようになります。面接だけでは見ることができない、あなたの人間性や働き方を見ていた人が一緒に働きたいと思ってくれる可能性も生まれます。こうした形で社外の人間関係を構築できることも、副業の魅力でもあります。

さらに、本業よりも副収入のほうが多くなれば、「もう自分でやったほうがいい」と思って独立する人もいます。職業に関する選択肢は金銭的理由で狭まる場合が多いのですが、副業の力で自ら広げられる可能性があります。

副業で培ったコネクションは、転職活動の際に有利

Point

本業の経験に基づいて、さらに副業としてキャリアを伸ばしてみよう

#01 なぜ、インターネット副業が最もコスパが高いのか？

インターネット副業をおすすめする４つの理由

なぜ、私が「インターネット副業」の重要性を提唱しているのか。それは、４つの大きな理由があるからです。

① 金銭的リスクが著しく小さい
② 複数の収入源を並行して作り出すことが可能
③ これからの時代を生き抜くための必須スキルである情報発信力を身につけられる
④ 距離の概念がない

それぞれについて、詳しく解説していきます。

① リスクが著しく小さい

インターネットを活用した副業の大きな特徴として、金銭的リスクが著しく小さいという点が挙げられます。本書で紹介する副業のほとんどが初期費用０円で、在庫も必要なく、自分のアイデアとちょっとした労力だけでビジネスをはじめることができます。

普通に考えて、コスト０円で商売がはじめられるってすごいと思いませんか？　たとえば飲食店をはじめようと思った場合、事業開始時にかかるコストとして、物件の賃料、店内の内装工事費、食材費、スタッフの給与など、数百万円は必要になります。自己資金で開業する人もいるでしょうが、銀行からの借り入れで開業資金を調達するのが一般的です。

すぐにビジネスが軌道に乗って儲けが出れば理想的ですが、最初からうまくいく人は一握りです。多くの人は、多額の負債を抱えながら黒字化を目指して日々努力を重ねていくわけです。

一方、「インターネット副業」は初期費用0円です。後ほどブログの項目で解説しますが、使っても年間数万円レベルです。初期投資額が小さいことの一番のメリットは「失敗ができる」ということです。

インターネットでの失敗は、サーバーが落ちた、データを間違えて消してしまった、不用意な発言をして炎上した、そんなレベルです。データが消えてしまったら、もう一度入力し直せばいいだけで、リカバリーできるものばかりです。失敗に正面から向き合い逃げないこと、そしてその失敗から学ぶ姿勢が重要です。失敗に目をつむって逃げると、同じことを何度も繰り返してしまいます。

ただ、ビジネスでは失敗を続けられないこともあります。それは資金が尽きることです。資金が尽きてしまったら、それ以上失敗できなくなってしまいます。初期費用が大きいビジネスはスタート時点ですでに金銭的に大きなチャレンジなので、撤退することもためらってしまい、その結果として損失を増やし、再チャレンジの資金や気力もなくなってしまうのです。

店舗を構えるのに500万円かかるとしましょう。インターネット副業での年間コストを1万円とすると、同じ資金でインターネット副業では500回（500年）失敗し続けられることになります。小さなトライ＆エラーを繰り返す、チャレンジする気持ちを忘れない、この経験値の差こそが副業を成功に導く重要な要素です。

店舗を構えることとインターネット副業のコストの比較

コスト = 年間1万円

維持費 = 年間500万円

② 複数の収入源を並行して作り出すことが可能

「インターネット副業」の特性として、一度、仕組みを作り上げてしまえば、維持していくこと自体はそれほど手間がかからないという点があります。とはいえ、仕組みが簡単に作れるかと言ったらそういうわけではありません。

たとえば、中学校の読書感想文以来、しばらく文章を書いていないという人がブログの情報発信で月々３万円の収益をあげられるようになるためには、目安として、毎日１時間以上の労力を半年ほど必要とします。労力というのは、文章を書く練習をしたり、参考書籍を読んだり、実際に記事を書いたりと、ブログ運営にかかわるすべての要素を含みます。

初めて収益をあげられるようになるまでも、最低１か月はかかるでしょう。それまでの収益は０円です。非常に効率の悪さを感じることでしょう。でも、少しでも稼げるようになったら、その効率の悪さは逆転します。時間給で働いているときには発生しなかった、継続収入が生まれはじめるからです。

副業で月30時間の単発バイトをする

時給1000円×30時間 ＝ 3万円

30時間かけて月2000円稼ぐブログを作る

月1000円×1年（12か月）＝1万2000円
月2000円×2年（24か月）＝4万8000円
＋情報発信・集客・収益化のスキル＆実績

同じ30時間の労働でも、しっかりと構築したブログは、継続して収益をもたらしてくれるようになります。1年目が平均月1000円で年間1万円強しか稼げなかったとしても、2年もブログを運営していれば、月1000円という数字ももっと大きくなり、総額も増えていきます。さらに収益だけでなく、情報発信・集客・収益化のスキル&実績も手に入れることができます。

今の時代、**インターネットで情報発信できる、集客できるというのは立派なスキルです**。社内のマーケティング部門でも重宝されますし、転職時にもアピール可能です。

月に2000円稼げるようになれば、記事を書くごとにアクセスや収益は伸びていきますし、経験を積み、成功体験を増やし、工夫を加えることで効率的に記事を増やすことも可能になります。広告の配置や紹介方法を見直すことで、収益額も増えていきます。

この項目ではブログの収益化を事例に出しましたが、後述するクラウドソーシングサービスでも、テキスト販売でも、オンラインサロン運営でも、オンラインショップ経営でも基本は一緒です。

まず収益源を1つ作り、効率化によって空いた時間で、別の収益源を生み出していく。このように「インターネット副業」は複数の財布を増やしやすい仕組みなのです。

1つ収益源を作り、空いた時間で別の収益源を生み出す

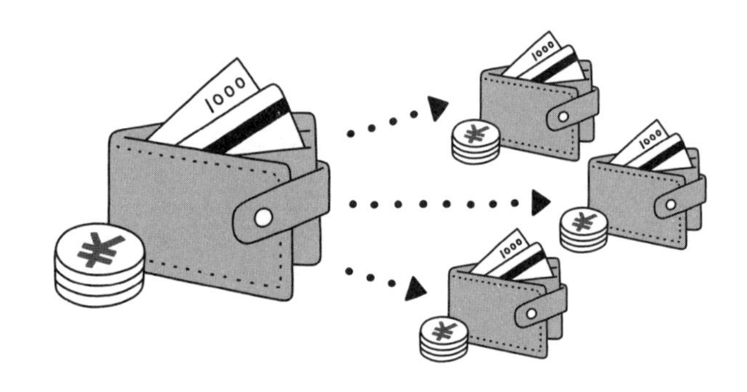

③ 必須スキルである「情報発信力」を身につけられる

重要なことなので最初に結論を書きますが、「情報発信力」を身につけることによって人生は大きく変わります。

私の現在の仕事はブログ運営による広告収入だけでなく、書籍の執筆・プロデュース、オンラインサロンの運営、講演活動、企業や個人のコンサルティングサポート、地方自治体や商工会議所のアドバイザーなど多岐に渡っています。もちろん、これらの仕事は最初から発生していたわけではなく、最初はどこにでもいる普通の会社員でした。ただ一般的な会社員と大きく違っていたのは1つだけ、淡々と何年間もブログを書き続けていたことです。

情報発信し続けている人からしてみたら気づかないかもしれませんが、**文章が書ける、人前で自分の考えを述べられる、SNSを使いこなせるというのは立派なスキルです**。世の中の大多数の人は、平然とした顔でそんなことはできません。

私は現在、40冊近く書籍を執筆・監修していますが、スタートはただブログを書いていただけです。コツコツと実績を積み上げて、成功事例の共通項を見つけ出し、理論を体系立て、わかりやすく情報を発信し続ける。こうすることで、チャンスをつかむことができたのです。

これは私にかぎった話ではなくて、情報発信を続けている人には同じような事例が生まれています。現在の環境で全力を尽くせるか、目の前のチャンスに気づけるか、勇気と根気を持って情報発信し続けられるかどうかで、1年後、5年後、10年後のポジションは大きく変わってきます。

情報を発信し続けることで未来が変わる

④ 距離の概念がない

4つ目の理由として、距離の概念がないという点が挙げられます。

私は月に1回、運営しているオンラインサロンメンバーに向けてセミナーを開催しており、そのセミナーは「Zoom」というオンラインミーティングのツールを使用しています。私は埼玉県に住んでいるのですが、オンラインサロンメンバーは関東圏だけでなく日本全国に居住しています。国内のみならず、台湾やオーストラリア、アメリカのミネソタに居住している人もいます。もし都内のセミナールームを借りてセミナーを開催した場合、参加できるのは関東圏のメンバーにかぎられてしまいます。しかし、インターネットを利用したオンラインセミナーであれば、居住地に縛られることなくリアルタイムで視聴することが可能になります。

ブログやSNSの情報発信も同じです。あなたの持っている、誰かの役に立つかもしれない情報を発信することで、世界中にノウハウを届けることができます。世界中に情報を届けられるということは、自分の得意分野でビジネスを展開することが可能になります。

英語で書かれた文章であれば、英語圏に住む人たちにもあなたの伝えたいことが届きます。もし、海外からの旅行者が、あなたのブログを読んで日本の観光地を巡ってくれたら素敵だと思いませんか。

この考え方は実店舗でも一緒です。埼玉県においしいパン屋さんがあったとしても、そのパンを買いに北海道からお客様はやってきません。交通費をかけてまでその場所に足を運ぶというのは大きなハードルになります。しかし、通信販売でその美味しいパンを販売してくれたら、ほしい人は喜んで購入します。もちろん賞味期限と発送の問題はありますが、1か所に店舗を構えているだけよりも、ビジネスチャンスは広がります。

実店舗を構えてしまうと、どうしても商圏があります。人口やジャンルによって異なりますが、たとえばコンビニエンスストアであれば商圏は半径500メートル、美容室であれば自動車で行ける半径5キロメートルといった概念です。その小さな商圏の中でライバル店と競争していかなければならないので、サービスの質や価格、品ぞろえが重要になります。

インターネットにはそのような制約がなく、ここでしか買うことができないニッチな商品さえあれば、利益率の高いビジネスを展開しやすくなるのです。

インターネット副業には距離という概念がない

Point

インターネットの利便性を
最大限に活かして収入を得よう

#02 インターネット副業で必要な機材とツール

ノートパソコンとインターネット回線は必需品

「インターネット副業」はローリスク・ローコストではじめられますが、可能であれば準備しておきたい機材があります。その代表的な2つのアイテムが「パソコン」と「インターネット回線」です。

たしかにスマートフォンだけでも「インターネット副業」は可能ではありますが、パソコンがあれば非常に効率が良くなります。デスクトップパソコンでも構わないのですが、外出時にも持ち運べて、ちょっとした作業が可能なノートパソコンを私はおすすめしています。

「インターネット副業」の作業として多いのが文字入力や写真の加工、動画編集などです。今のスマートフォンは高機能なのでこれらの作業も可能ではあるものの、とくに文字入力に関してはキーボードで入力したほうが長時間の作業が可能です。

また、画面が大きいことで、たくさんの文字を一度に表示することもでき、入力の効率化も図れます。ディスプレイのサイズは14インチ前後あれば十分です。それ以上の大きさだと重くて持ち運びが大変になります。持ち運ぶのが大変だとノートパソコンのメリットの大半を失ってしまうので、機能面だけでなく重量もチェックしておきましょう。

現在のWindowsのパソコンは、通信販売で5万円も出せばかなり性能のいい物が買えるので、いろいろと見繕ってみましょう。後述しますが、マイクロソフトオフィス（Word、Excel、PowerPoint等）は金額がプラスされるので付帯しているパソコンでなくて大丈夫です。

そしてもう1つの必需品がインターネット回線です。こちらもスマートフォンのデータ通信で十分と思うかもしれませんが、今の画像や動画はデータ量が大きいので、すぐに通信制限にかかってしまいます。カフェなどのフリーWi-Fiを利用する形もありますが、セキュリティ的に弱い場合もあるので、データ通信用のポケットWi-Fiか自宅用のインターネット回線を契約することをおすすめします。ポケットWi-Fiであれば月々数千円で利用できるので、こちらも必要なデータ量に応じて選択しましょう。

インターネット回線とノートPCがあればいい

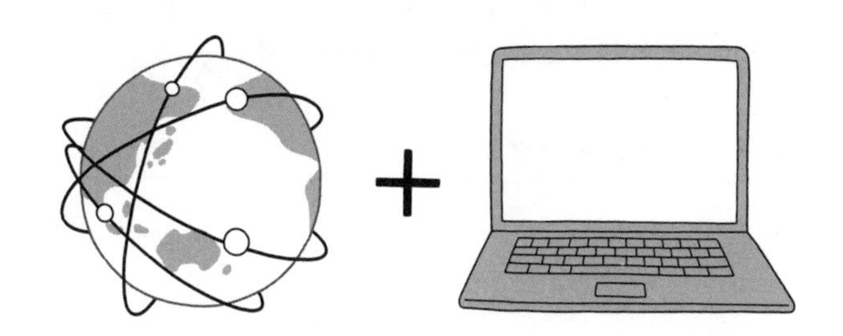

無料オンラインツールを使いこなす

コロナ禍の環境変化によって、副業にかぎらず本業の世界でもパソコンとインターネットを使ったリモートワークという働き方が急激に普及してきています。

その中でリモート作業に適応できるかどうかは、**機材を持っているかどうかと、オンラインツールを使えるかどうかにかかっており、と**

くにオンラインツールの習熟度によって、成果に大きな差が出てきています。

ここからは、無料で利用可能で、なおかつ覚えておきたいオンラインツールを紹介します。

・ビジネス文書作成

Google ドライブアプリ
https://www.google.co.jp/drive/apps.html

マイクロソフトオフィスと互換性があるアプリを、オンライン（インターネットブラウザ上）で利用することができます。WordはGoogle文書（ドキュメント）、ExcelはGoogleスプレッドシート、PowerPointはGoogleスライドというアプリで対応可能です。

オフィスつきのパソコンは価格が高いので、倹約したい人はGoogleドライブアプリを利用することをおすすめします。

・オンラインミーティング

Zoom ミーティング
https://zoom.us/jp-jp/meetings.html

Google Meet
https://apps.google.com/intl/ja/meet/

映像や音声を使ったオンラインミーティングを利用可能なアプリです。スマートフォンでも利用可能ですが、資料の共有をする場合にはある程度の大きさのディスプレイがないと細かい文字などが認識できない可能性があるので、パソコンでの利用をおすすめします。

・画像編集

Canva
https://www.canva.com/

自分の持っている写真（画像）を編集するだけでなく、テンプレートの中からデザインを選択して加工することも可能です。ブログ記事のアイキャッチやYouTube動画のサムネイルから、お店のチラシまで、このサービス１つで対応可能です。

・ファイル共有

Dropbox
https://www.dropbox.com/ja/basic

無料版では２GBのデータを保存しておくことが可能です。このデータは自分の所有する複数のデバイス（パソコンやスマートフォン、タブレットなど）でアクセスすることができ、データを送りたい第三者と共有することもできます。Dropboxにエクセルファイルを保存しておけば、アクセスできる複数人で編集することも可能です。

無料のオンラインツールはFacebookやTwitterなどのSNSや、LINEやFacebookメッセンジャーなどのコミュニケーションツールなど、他にも数多くあるので、作業の効率化、情報収集の助けになりそうなものを導入しましょう。

Point

オンラインツールを使いこなすことは「時短」にもつながる

#03 情報発信力は立派なスキル

発信力は希少性の高い能力

なぜこれからの時代に「情報発信力」が大切なのかをあらかじめ説明します。

これからの時代は**「情報発信力」さえあればなんでも売ることが可能になります**。売るものは商品かもしれないですし、サービスかもしれないですし、あなたのノウハウかもしれません。モノを売ることができれば、お金を稼ぐことができますし、売るための方法を企業にアドバイスすることで、コンサルティング料金をいただくことも可能になります。

まさに、「情報発信力」は集客や収益に直結できる立派なスキルなのです。

実はしっかり情報発信できる人は、本当に少ないです。あなたのまわりでブログを書いている、SNSで、YouTubeで積極的に発信している人がどれだけいるでしょうか？

ブログを読んでいる、友人のSNSを見ているという人はいても、自分で発信しているという人は決して多くないはずです。そして、そのブログやSNSアカウントを堂々と誰かに見せられるという人はさらに少ないでしょう。

実践したくなるノウハウ、紹介している商品をついほしくなるような文章力、リツイートしたくなる面白い写真を撮るセンス、YouTubeで最後まで飽きさせないで視聴してもらう話術……どれも立派な能力です。日常生活で5分以上飽きさせずに、一方的に話を聞かせることができますか？

有名なYouTuberは、最初から人気があったわけではありません。毎日、コツコツと試行錯誤しながら誰かの役に立つ、あるいは笑いを届ける動画を投稿し続けたから、結果として人気者になったのです。

企業のホームページよりも閲覧者が多い個人ブログやYouTubeチャンネルも珍しくなくなってきました。それは継続と試行錯誤を繰り返した結果の現れです。

有名なYouTuberも発信し続けたから人気になった

発信力は収益化に直結する

インターネット発信で影響力を持つということは、収益化に直結できることも意味します。毎日1000人の人が見に来るブログを運営している人がなにかイベントを開催したら、10人程度であれば簡単に集まります。次Partで細かく解説しますが、特定の商品やサービスをブログで紹介して、あなたの記事から売れた場合、広告手数料を得ることも可能です。

あるいはクラウドファンディングで賛同者を集めることも、情報発信力があれば容易になります。

クラウドファンディングは、商品のよさだけでは資金は集まりません。「商品開発の理念やストーリーを明確に発信すること」、そして「協力してくれる人が多いこと」、この2点がそろって初めて大きな結果に結びつきます。目標金額に届かないクラウドファンディングは、この2点のいずれかが欠けている場合が多いです。

クラウドファンディング
ハンガーの歴史を塗り替える。引き出しをなくすハンガー「oneger」
https://www.makuake.com/project/oneger/

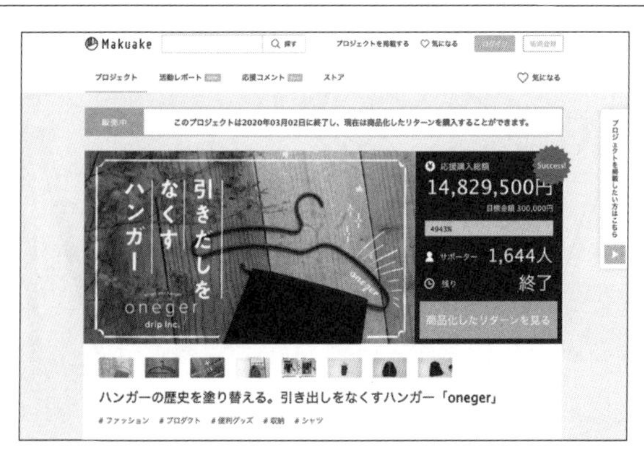

こちらは私の友人が支援を募ったクラウドファンディングです。

プロジェクトオーナーである株式会社ドリップを経営する堀口英剛さんと平岡雄太さんは、自分自身でブログやYouTubeを運営しており、ブログの月間読者数は10万人を超え、YouTubeチャンネルもそれぞれ10万人前後の登録者数がいます。もちろん、彼らも最初のころはまったくの無名で、数年に渡り発信を続けることで、インターネットの世界で影響力を得ることができたのです。

これまでのハンガーでは当たり前だった形状や機能の概念をドリップが変えるという理念のもとに支援を募ったのが、この「ハンガーの歴史を塗り替える。引き出しをなくすハンガー『oneger』」です。パンツをかけやすくする、襟が詰まった服もかけやすくするなど、ハンガーに新しい機能とデザイン性を持たせ、その価値を効果的に発信したわけです。

理念×影響力のかけ算の結果、支援者は1600人を超え、額に至っては1500万円に届こうとしています。10本セット5800円という、決して安くない商品であるにもかかわらず、情報発信力があればこれだけの結果を残せる可能性があるのです。

Point

情報発信力さえあれば
なんでも売ることが可能になる

#04

情報には価値がある

人は悩んだときに情報を探す

では、どのような発信をしたらいいのでしょうか。1つの指針としては、「自分の得意分野で、誰かの悩みが解決できたらいいな」と思って発信することです。

人は悩んだときに情報を探します。それはGoogleやYahoo! Japan、SNSの検索窓に入力して検索するかもしれませんし、スマートスピーカーやAppleのSiriに話しかけることかもしれません。人は解決法が知りたいときにインターネットで調べるのです。

たとえば、冷蔵庫にピーマン、タケノコ、豚肉が入っていたとします。そこで、検索エンジンに「ピーマン　タケノコ　豚肉　レシピ」というキーワードを入力すると、チンジャオロースのレシピが検索結果に表示されます。麻婆豆腐のレシピは表示されません。このように適正な答えを返してくるのが検索エンジンの役割です。

もしあなたが料理好きで、中華料理店ではない自宅の弱い火力で、素人でも簡単にできるおいしいチンジャオロースの作り方という情報を発信していたらどうなるでしょう？　もしかしたら、あなたの発信を見に来てくれるかもしれません。

旅行に行く場合、昔はガイドブックなどで調べることが多かったわけですが、今では観光情報やグルメ情報をインターネットで調べることのほうが多いはずです。観光地の見どころやグルメ情報を現地の人が書いていたら、遠方からやってくる人は喜びますよね。

「宮島　夜の食事」あるいは「厳島（いつくしま）　夜の食事」で検索すると、次のブログが上位に表示されます（2020年8月時点では検索結果1位）。

素泊まりでも安心！ 宮島で夜のディナーを楽しめるお店を紹介。
https://miyajima-villa.jp/press/?p=2921

広島県にある宮島（厳島）は世界遺産である厳島神社が有名な観光地ですが、日帰りの旅行者も多いため夕方に閉店してしまう飲食店が多いそうです。その不便を解決するために書かれたのがこのブログ記事で、面白いことに、書き手は宮島でホテルを経営する社長です。

ブログの書き手は、自分のホテルに宿泊してもらえば収益になるのにもかかわらず、観光客（読者）のことを一番に考えておすすめの飲食店を紹介しています。観光客にとっては価値のある情報となり、宮島が活性化すれば巡り巡って自分のホテルのお客様になってくれるかもしれないというスタンスで情報発信しています。このように、情報発信力は副業にとどまらず、本業の集客にも活用できるのです。

自分の得意分野や好きなことで、「誰かが困っているかもしれないな」と想像して発信するのも有効な方法です。どうしても人の事情が思い浮かばなかったら、困っていた過去の自分を思い浮かべて発信するのもいいでしょう。

たとえば、観光地の写真を上手に撮れなかったけれども、機材を変えた、構図を工夫した、光に気をつけるようにしたなど、撮影時のチェックポイントを意識したことで上手に撮影できるようになったとします。であるならば、「成長した自分」が「半年前の自分」に教えるイメージで発信していくのです。

「価値」の概念

さて、ここで「価値」という言葉にフォーカスします。たった2文字の言葉ですが、価値という言葉にはどのような意味が含まれているでしょうか。この価値という言葉の意味を理解しておくことで、さまざまなパターンで活用できるようになります。

私は「価値」という言葉を、「1つの方程式」と「1つの注釈」で考えています。それは、次の方程式と注釈です。

方程式：人類に役立つ事象　×　希少性　＝　価値 注　釈：ただし、価値観は人それぞれ違う

20万円のダイヤのネックレスがあったとします。たとえばSNSで「このネックレス差し上げます」と言ったら、何人かは手を挙げてくれるでしょう。おそらく男性よりも女性のほうが多いはずです。

では、なぜ「ダイヤのネックレスがほしいのか」と聞いても明快な答えは返ってこないでしょう。「くれるから」や「ダイヤだから」という単純な理由で占められるはずです。

これを上記の方程式に当てはめて考えると、次のような回答になります。

- **ダイヤモンドが自分の胸元にあることによって私の魅力が際立つ**
- **私はダイヤをつけるにふさわしい人間なんだという自尊心が満たされる**

これは間違いなくその人の役に立っています。なおかつダイヤモンドは珍しい石であり、美しいカットがされているからこそほしくなるわけです。街中にごろごろとダイヤのペンダントヘッドが落ちていたら、わざわざ拾ってつけませんよね。役に立って、そして数が少ない、この2つの要素が組み合わさることで、価値として高く認識されるようになります。
一方で、アクセサリーにまったく興味のない人からしてみたら、その20万円は無駄にしか感じないでしょう。ゲームが好きな人であれば20万円分課金したいと思うでしょう。これが価値観の違いです。

人が興味のあることでなければ、どんなに高級品でも見向きもされません。人によって価値と感じるものが違うのです。副業に興味のある人にとって、本書は役に立つはずですが（そう信じていますが）、副業に興味のない人にとって、本書は単なる紙の塊でしょう。

たとえば、「リシャール・ミル」という高級時計メーカーがありますが、1つ数千万円もするような時計が飛ぶように売れています。一般人からしてみたら信じられない世界でしょうが、価値を感じる人からしてみたら安い買い物なわけです。
先ほどの01項で「インターネットのメリットはニッチな世界で勝負ができる」という趣旨のことを書きましたが、価値の共有ができる人にとっては、「価格は関係ない＝ほしい人が少なくてもビジネスは展開できる」ということなのです。

言葉を翻訳してわかりやすく伝える能力

専門知識を有している人は数多くいます。しかし、その知識をわかりやすく噛み砕いて説明できる人は少数です。
私はよく「翻訳」という言葉を使いますが、英語を日本語にしようとか、ドイツ語を英語にしようとか、そういうことではありません。ここで使う翻訳とは、「日本語の解像度の上げ下げをする」という意味で用いています。
いくら日本語でも理解できない言葉を使っていたら、聞き手（読者）は「難しいことを言う人」だと思って聞くのをあきらめてしまいます。こちらが良かれと思って発信しても、むしろありがた迷惑と思われる危険性もあります。

自分以外はみんな素人だと思ってください。可能なかぎり小中学生が読んでも理解できる言葉を用いましょう。私はインターネットの類語辞典を使って、難しい言葉をほかの言葉で言い換えたり、国語辞典で用例を探して置き換えたりします。

Chart 02

読者層を意識して伝える

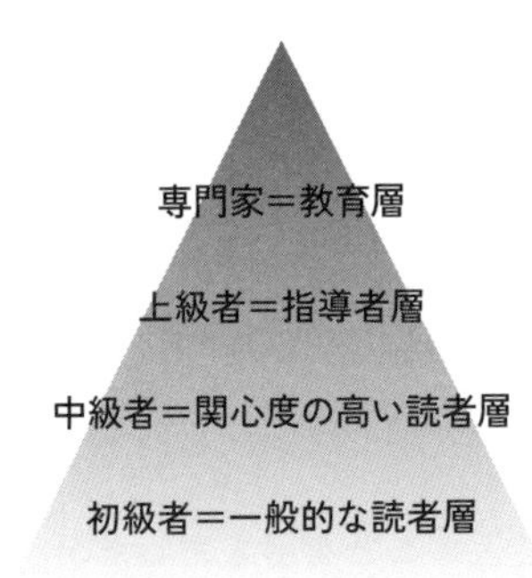

同じ日本人でも層によって使っている言葉が違います。図はピラミッド状にしていますが、上部が優れている、下部が劣っているということではありません。純粋に人数の分布ととらえてください。特定の分野の専門家、教育層の人数は少なく、上級者、中級者、初心者に向かうにつれ、人が増えているということです。

専門家や上級者層に響く情報を届けたい場合は、専門性の高い内容、業界用語、上級者しか使用しないような専門用語を最大限活用して文章を構成する必要があります。上級者にとって、最低限の基礎知識はとくに必要ない情報であり、場合によっては邪魔ととらえられてしまいます。

わざわざ基本的な情報を載せる必要はなく、ひたすら高度な情報を載せていきましょう。

一部の読者層（その業界のスペシャリスト）にしか伝わらない可能性が高いですが、その一部の層から支持されることであなたの信頼度を向上させることができます。

逆に初心者層に情報を届けたい場合は、とにかく難しい単語や専門用語を使うことは避け、日常生活で使っている用語を中心に文章を構築しましょう。類語辞典のサービスを活用して、難しい言葉を別の容易な表現に変更することも効果的です。

類語辞典・シソーラス・対義語 - Weblio 辞書
https://thesaurus.weblio.jp/

理解できない単語が１つだけであれば、ある程度文脈から意味を想像して読み進められる人は多いですが、理解できない単語が２つ３つと続くと、初心者であればあるほど文章を読み続けるのが苦痛になります。

どうしても文脈的に業界用語を含まなければいけない場合は、Wikipediaなどを活用してその用語の意味を補足しておきましょう。

Point

理解できる言葉で発信し続けることで「価値」になる

#05 情報発信を最大限に活用するために知っておきたいこと

情報発信において重要な５つのポイント

インターネットは魔法のツールだと信じ込み、一度でもなにかしらの投稿をすれば自動的に読者が集まって、勝手に商品が売れると思っている人たちが多い時代もありました。

もちろん、そんなことはありません。適切な行動を実直に続けることが、「インターネット副業」で成功するための絶対条件になります。とはいえ、実直な行動がなにかを知らないで情報提供し続けると、余計な遠まわりをしてしまう可能性があります。本項では、意識しておきたい５つのポイントについて解説します。

① 結果が見えるまでにはタイムラグがあると認識しておく

あなたの発信する情報をたくさんの人に読んでもらうためにすることは、非常にシンプルです。それは**「良質なコンテンツ」を「継続して投稿する」**ことです。毎日、自分の得意分野や誰かの役に立つ情報を提供して、訪問者に対して価値を提供していくことが重要です。「信用度のアップ」と言い換えてもいいでしょう。私たちのような一般人が情報発信をはじめて、たった数日で１万人もの人に読んでもらえることはありえません。

ここでなにが言いたいかというと、目に見える結果が出るには発信後のタイムラグがあるということです。

情報発信をして、すぐに報酬は発生しません。「ブログで発信したら副収入になるから副業禁止規定に引っかかるんじゃないかな」と思う気の早さは嫌いではありませんが、信頼される、モノやサービスが売れる、お金が発生するというのはそんなに簡単ではありません。

たとえば、ITに弱い経営者が、「ホームページを作ったから売上アップ間違いなし！」と言っているようなものです。今の時代、ホームページがあるのは当たり前で、そこからどんな発信をするのかが重要です。この経営者のように、ブログの記事を書いたからすぐたくさんの人に読まれると思っている人は本当に多いです。著名人の市川海老蔵さんのような人がブログを書いたのであれば話は別ですが、誰も知らない人のブログをわざわざ読みに来る人はいません。

では、どうするのか。

とにかくなにかしら世の中の役に立つ情報を発信し続けるということです。ブログでもいいですし、SNSでもいいですし、YouTubeでも構いません。自分に向いているメディアで発信し、役に立つ情報の量が増えてくることによって目に留めてくれる人が増えるのです。目に留めてくれる人の中から深く興味を持ってくれる人が生まれ、その人たちが熟読してくれ、また次も見に来てくれる、あるいはシェアしてくれて、友達にも目を触れさせてくれる可能性が生まれます。訪問者が増えてきた結果、あなたのことを信頼してくれる人も増え、時折商品が売れ、ようやくお金が生まれます。

Chart 03

収入が発生するまでの段階

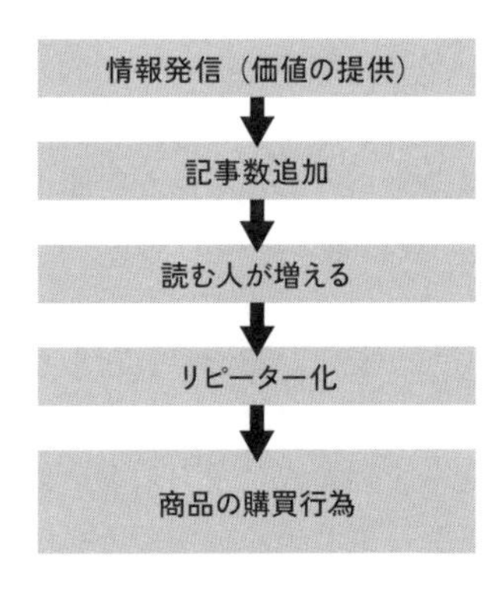

こちらの図をご覧ください。ほとんどの人が１段階目の「情報発信」、あるいは２段階目の「投稿数」を増やす時点であきらめます。ですが、収入が生まれるのは５段階目です。この意識と現実のギャップで、インターネット副業は儲からないと感じ、挫折していきます。

１つの問題として、「お金稼ぎのために情報発信をやる」から続かないのです。結果までにはタイムラグがあると書きましたが、情報発信をはじめても収益が上がってくるのは半年から１年後です。しかし、自分のスキルを伸ばしたい、影響力を身につけておきたいという目的があったらどうでしょうか？　ただただお金稼ぎをしたい、というのとはプロセスも結果も大きく変わってきます。

② 自分の好きなこと、得意なことを発信する

まずは「自分の得意分野」に特化したお役立ち情報を提供しましょう。あなたの発信した情報を読んでくれた人が、１か所でもうなずいてくれるような内容を心がけましょう。自分の好きなことと得意分野に特化する必要性を挙げたのは、それがあなたのオリジナリティにな

るからです。なによりも熱量が違います。誰にでも書けるような陳腐な内容では、インターネット上にあふれかえる膨大な情報の中で埋もれてしまいます。そして、好きなことであれば継続して情報を提供できます。インターネット上で人気を得るためには、情報の「質」と「量」を高いバランスで維持する必要があります。興味関心がないテーマでは、その「質」も「量」も足りなくなってしまう恐れがあるのです。

次は、その情報が「誰得（誰にとって得）」なのかを考えてみましょう。いくら自分自身で「これは役に立つ！」と思っていても、世間に必要とされていない記事では多くのアクセスは見込めません。「この記事を読むことにより、誰が利益を得る（お金だけではなく知識的にもより良くなる）のか」を認識して、テーマを決めたり文章を書いたりすることで、読み手に価値を提供できます。提供している価値を求める人が多ければ多いほど、結果として読者数の増加につながります。

なお、情報発信における大切な要素は次の３つです。

情報発信における大切な要素

・対象となる読者に響くタイトル（気づき）
・対象となる読者が理解できる内容（翻訳）
・対象となる読者が行動に移したくなる便益性の提供（意欲の向上）

人はあなたの想像以上に無関心な生き物です。だからこそタイトルで自分に関係していると認識してもらわなければいけないのです。週刊誌の電車の中吊り広告や新聞広告などには刺激的なタイトルが踊っています。刺激的であることがいいことだとは思いませんが、興味を持ってもらわないと本誌を手に取ってもらえません。ブログやYouTubeで言うならば、タイトルがつまらなければ本編を読まずに、見ずにスルーされてしまうのです。あなたの発信する情報を適切に届けるために、見出しとなるタイトルが重要になります。

本編までたどり着いたら、その情報を知った読者・視聴者自身が「問題点に気づき」「改善が必要だということを理解し」、そして「実行したくなる（実行できる気になる）」気持ちになってもらう必要があります。情報を得て、「いい話だったなぁ」で済んでしまうだけでは足りません。そのためには問題を解決したあとに現れる、豊かな未来をイメージしてもらう必要があります。読者・視聴者のライフスタイルが少しでも良くなる期待感が高ければ高いほど、行動に移してもらいやすくなるのです。

この本は、これからの時代における副業の必要性を、さまざまなデータなども用いて解説しています。実際に行動に移せるような手順書としての役割も持たせています。1社だけに勤め続ける会社員のリスクに気づいてもらい、複数の仕事を経験することによるメリットを解説し、そしてさらに景気が減退するであろう2021年以降の日本の環境に備えていただきたいのです。

③ 持っている情報（ノウハウ）は全部出す

自分の知識やノウハウを全部出してしまったら、真似されて困ると思う人もいるかもしれません。安心してください。あなたが実際に積み上げてきた知識や経験は、そう簡単に真似できません。

セミナー等で講師が話していた内容を、そのまま行動に移せる人は本当に少数です。いえ、まったくいないと言ってもいいでしょう。ほとんどの人は「いい話だったなぁ」と思って聞いているだけで、行動には移せません。しかもそれを何か月、何年と続けられる人はさらに少数になってきます。だから安心して持っている力をすべて振り絞ってコンテンツを公開しましょう。

私は自分のセミナーでよく「写真を撮ってもらうのも、内容を好きに書いてもらうのも、SNSでタグづけしてもらうのも全部自由なので好きにやってください」と最初に言います。実はこれ、参加者が本当にやるかテストしているのです。

ブロガーなど情報発信者の集まりでもタグづけしてくる人は1割もいません。一般的な企業や自治体主催のセミナーで登壇した場合は、200人以上の参加者がいてもタグづけ発信がゼロということも珍しくありません。

逆に、発信したノウハウが簡単に真似されるのであれば、誰でも気がつく程度のものでしかありません。そんなときは、もっと自分の能力を向上させていかなければいけないと思いましょう。そのほうが将来的にいい結果が出ます。

アウトプットを出し切ることで、参加者も喜んでくれますし、なにより自分自身の復習になります。そして、出し切ったことで自分の中に空いたスペースを埋めるために、また新しい知識を得ようとするのです。ノウハウを出し切るということは、自己成長にもつながるのです。

アウトプットは出し切ることで成長できる

④ 丁寧な説明を心がける

知識を得て自分自身のレベルアップを図ることはたしかに重要ですが、それを読み手に押しつけないようにしましょう。前項の「翻訳」のくだりで概要は説明しましたが、より具体的にわかりやすい文章を書くために意識したい、「◯◯とは」と「５Ｗ３Ｈ１Ｒ」の２つの要素を解説します。

・「◯◯とは？」を意識する

一般的にインターネットで物事を調べる場合、「◯◯とは」というキーワードで検索することが多い傾向があります。みなさんも自分のわからないことを調べる際、「◯◯とは」というキーワードで検索したことはありませんか？

あなたの持っている情報を「◯◯とは」という形で解説することで、説明しようという意識が高まり、結果として初心者に優しい文章になる場合が多いので積極的に活用しましょう。

実は本書も、「◯◯とは」を意識しています。本項も、情報発信において重要な５つのポイント“とは”を説明する気持ちで書いています。

・５Ｗ３Ｈ１Ｒを意識した文章を心がける

中学生の英語で聞いたことのあるフレーズだと思いますが、「５Ｗ３Ｈ」を意識して書くことで、非常に丁寧な文章に仕上がります。

When　いつ、いつまでに（期限・期間・時期・日程・時間）
Where　どこで、どこへ、どこから（場所・アクセス方法・地図）
Who　誰が、誰向けに（主体者・対象者・担当・役割）
What　なにが、なにを（目的・目標・要件）
Why　なぜ、どうして（理由・根拠・原因）
How　どのように（方法・手段・手順）

How many　どのくらい（数量・サイズ・容量）
How much　いくら（金額・費用・価格）

「5W 3H」とはこれらの頭文字を取った略語ですが、このような情報をすべて含むことで、文章量（記事数）が増え、読み手にとっても有益な情報源となります。

たとえば旅行記であれば、次のような内容が考えられます。

> 「秋の京都に家族で1泊2日の紅葉巡り旅行に行ってきました。京都の北野天満宮は梅の名所として有名ですが、実は秋の紅葉の美しさも格別だと知り『一度は見ておかないと！』と思ったからです。出発は朝9時の東京発新幹線のぞみで、約2時間半の電車旅でした。京都駅に着いたら、名物のにしんそばを食べて腹ごしらえ。満腹になったら、散歩がてら京都の街中を散策して、ひとまずホテルにチェックインしました。
>
> 1泊2食つきで1人1万2000円のリーズナブルな旅館だったのですが、部屋は広くて、大浴場も立派でした。私は温泉好きなので、ゆっくりと湯船に浸かって旅の疲れを癒やすことができました。
>
> いよいよ明日は念願の北野天満宮ですが、その前に熱燗をチビリチビリとやりながら、明日のプランを練ろうと思います。次の記事で北野天満宮の立派な写真を披露しますね！」

ちなみに、この文章の文字数は約350字ですが、これに自分の感想や、もっと細かい情報を追加することで、800字ほどの内容に膨らますことができるでしょう。

そして、重要な締めの言葉として「1R（Result＝結果）」が大切です。「あなたが購入した商品は使ってみた結果どうだったのか？」「お祝いに使ったレストランのサービスはどうだったのか？」、読み手は利用者の感想が気になっています。自分が実際に使って損をしたくないからです。わざわざ悪い情報を大きく伝える必要はありませんが、よかった情報は積極的にシェアしましょう。

これだけ丁寧に情報を提供していくことで、読み手の気持ちを高めることができます。シェアされた情報を読んで、実際に行動に移して、それ以上のサービスを受けたいと感じたときに、あなたを信頼し、紹介された商品を購入したくなるのです。

あなたに対する読者の信頼度が高まれば高まるほど、同業他社との競合や単なる価格競争に陥ることなく、適正価格で質の高いサービスを提供することが可能になります。これこそが、ビジネスとして目指したい領域です。

⑤「フロー型コンテンツ」と「ストック型コンテンツ」を使い分ける

コンテンツには大きく分けて「フロー型」と「ストック型」があります。

簡単に説明すると、フロー型とは速報・今起きているニュース的な要素が強いコンテンツで、ストック型とは普遍的なノウハウなどの要素が強いコンテンツです。もちろん、どちらの型にもメリット・デメリットがあります。

a.フロー型コンテンツ

フロー型コンテンツとは、いわゆる旬の情報を取り扱った記事のことを指します。ニュース速報系の記事や新聞、テレビなどで提供されている情報が主に該当します。

話題になっている商品やサービス、ブームやトレンドなどを意識しておくことで、発信のネタとして活用することができます。

フロー型コンテンツのメリット

・日々のニュースやトレンド情報を記事化するため、コンテンツの量産がしやすい
・旬の情報のため知りたがっているユーザーが多く、結果として検索やSNSからのアクセス増が見込める。
・ノウハウだけ理解すれば、誰にでも容易にはじめることが可能

フロー型コンテンツのデメリット

・流行が過ぎてしまうとコンテンツの価値が失われ、アクセスがなくなる
・独自性がなく、差別化が難しい
・日々のトレンドを追い求めてコンテンツの量産をする必要がある

b.ストック型コンテンツ

ストック型コンテンツとはブームやトレンドに大きく左右されない、普遍的なノウハウが代表的なものとなります。

たとえば、筋トレの方法であったり、家庭菜園の楽しみ方であったり、パソコンのアプリケーションの使用法であったり、いつの時代でもそれほど価値が毀損されない情報が該当します。

このようなタイプの情報を蓄積すると、安定的に読者を増やすことが可能となります。また、何度も見に来るような辞書的コンテンツであればリピーターも増やせます。

ストック型コンテンツのメリット

・コンテンツを積み上げることで、計画的なアクセスの増加を見込むことが可能

・ブームに左右されない情報のため、アクセスの乱高下が少ない
・独自性の高い情報を配信することが可能
・ジャンルを絞った情報を提供することにより訪問者の属性が絞られるため、広告やサービス紹介など、その後の展開が容易になる

ストック型コンテンツのデメリット

・瞬発力が弱い（じわじわとアクセスが伸びる）
・１つのコンテンツ作成に時間がかかる、大量生産が難しい
・質の高い記事を生み出すために、バックボーンとなる知識や経験が必要

フロー型とストック型は、どちらが優れていてどちらが劣っているということではありません。両者の特性をしっかりと理解して使い分けることで、価値の最大化を見込めます。

自分の運営するブログやSNS、YouTubeはどちらの要素を強くしたいのか、あるいは足りない要素はなんだったのかを認識しながら、２つの型をバランス良く活用しましょう。

Point

情報発信における大切な要素を事前につかんでおくと効率的

#06 インターネットを使ったビジネスの種類

インターネット副業で稼ぐための7つの方法

インターネットを活用したビジネスは数多くあります。本項では、同時並行が可能で、一過性の収益で終わらず、手をかければかけるほど収益が積み上げ式に伸びていく代表的な副業の方法を紹介します。

なお、1つひとつの副業の活用方法についてはPart_2で詳しく解説するので、本項では概要の解説となります。

① ブログ・ウェブサイト運営による「広告収入型副業」

ブログ運営は日記的な使い方が一般的ととらえられがちですが、金銭的収益を得ることも十分に可能です。私自身、2013年に『ブログ飯』(インプレス)という本を書きました。その当時、会社員の傍ら続けていたブログで結果を出すことができ、独立した経緯があります。そのため、このジャンルには造詣が深いことと、大きな夢を秘めたテーマでもあり、本書でも多くのページを割いて紹介していきます。

ブログを活用した収益化方法は大きく分けて2つあります。1つ目が広告収入、2つ目が自社商品(サービスやセミナー、書籍などを含む)の販売です。情報発信力を高めておけば、どんな商品やサービスでも売れるようになります。

あなたの体験やノウハウ、考えを発信することで、共感してくれる読者との信頼関係が構築され、あなたの紹介する商品を購入してくれたり、運営するお店に訪れてくれたりする可能性も生まれます。

とはいえ、副業の初心者が店舗を構えたり在庫を抱えたりするビジネスはリスクが大きくなるので、最初に副業として考えるのであれば、「Google AdSense（クリック報酬型広告）」「アフィリエイト広告（成果報酬型広告）」「記事広告」の３つのスタイルがおすすめです。

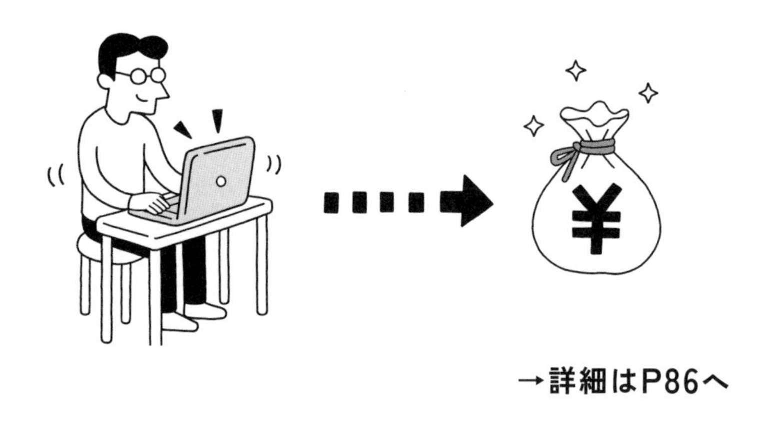

→詳細はP86へ

② クラウドソーシングを利用した「スキル活用型副業」

「クラウドソーシング」とは、仕事を発注したい企業や個人（発注者）と、仕事を受注したい企業や個人（受注者）とを、インターネット上でマッチングさせるシステムです。近年、新しい仕事の受発注の仕組みとして注目されています。

発注者は「幅広い希望者の中から最適なスキルを持った人材に仕事を依頼できる」「必要なタイミングで仕事を依頼できるので、人件費を削減できる」「納期が迫っている仕事の分散が可能」といったメリットがあり、受注者は「好きな時間、好きな場所で働くことができる」「自分の得意な仕事を選ぶことができる」「自分の希望する報酬の仕事を選ぶことができる」といったメリットがあります。

自分の得意分野で、好きな時間で、好きな場所で、希望の報酬を受け取ることができる仕事というのは、自由になる時間がかぎられている会社員にとって効率的に副業に取り組めるサービスでもあります。

①で紹介した「広告収入型副業」と大きく違うのは、「成果物を納品すれば必ず報酬が得られる」という点です。「広告収入型副業」は自由度が高い分、結果の出るスピードにも個人差があります。クラウドソーシングの場合は受注時にあらかじめ報酬額が提示されているので、収益計画が立てやすいという特徴があります。

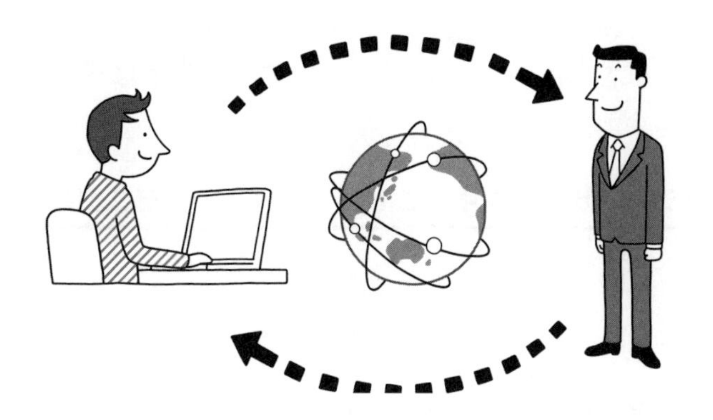

→詳細はP117へ

③ オンラインショップ運営型副業

「オンラインショップの運営」というと、商品を仕入れて、販売し、差額を利益として得るというイメージが強いですが、自分の作った一点物のアクセサリーを販売したり、自分がデザインしたＴシャツを受注販売したりすることも立派なオンラインショップの運営です。

楽天市場のような大型ショッピングモールに出店して組織的に運営する人もいれば、安価な決済システムを導入して自分１人でひっそりと運営している人もいます。どちらが良い悪いはありませんが、副業として考えるのであれば、自分1人で運営できる規模感ではじめることをおすすめします。インターネットの世界ではライバルを相手に勝ち抜く必要などはありません。自分の得意分野で生き残っていれば、それだけで十分だからです。自分の商品を必要としてくれるお客様に見つけてもらい、リピーターになってもらうことで安定した収益を得ることも可能です。

→詳細はP138へ

④ オンラインサロンを中心としたコミュニティ運営型副業

「オンラインサロン」とは、月額会費制で、インターネット上で展開されるクローズドコミュニティの総称です。運営プラットフォームはFacebookのプライベートグループを利用することが多いです。

オンラインサロンのメリットは、インターネット環境さえあれば、どの地域に住んでいる人でも、自分の好きな時間にかかわることができる点です。イベントもFacebookライブ機能を使えば、オンライン中継が可能です。オンラインサロン内で企画を立てて、主宰者やメンバーと一緒にそのプロジェクトを遂行していくことも可能です。

オンラインサロンを運営する上で、一番重要な手続きは入退会管理（課金管理）です。銀行振込対応で自ら管理するのもいいですが、企業の提供するプラットフォームを利用することも1つの方法です。決済プラットフォームはDMMオンラインサロン、CAMPFIREコミュニティが有名ですが、決済手数料やサポート内容がそれぞれ違うので、自分にマッチしているサービスを選択しましょう。

→詳細はP153へ

⑤ 電子書籍販売型副業

これまでは自分の作品を販売するためには紙に印刷し、その冊子を販売することが一般的でした。もちろん今でもコミックマーケットを筆頭に同人誌等、紙の書籍の販売を行なう人も存在します。

ただ、ここ数年の技術発展によって、わざわざ紙に印刷することなく、インターネット上で作品を販売することが可能になっています。その代表格がAmazon が運営するサービス「Kindle」を中心とした電子書籍と、「note」というプラットフォームを通じた文章やイラスト・写真、音声や動画の販売です。

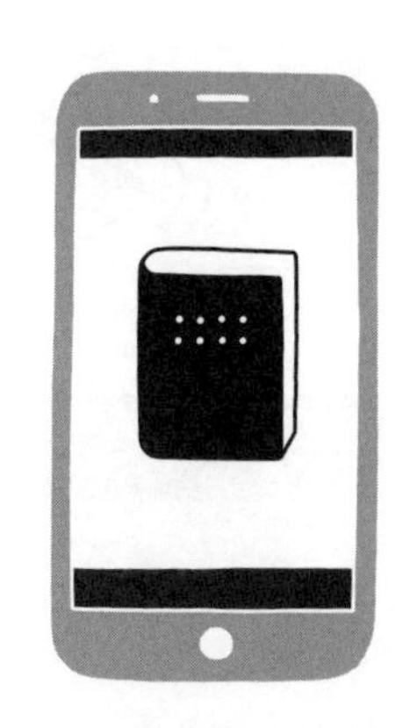

→詳細はP186へ

当然ながら、文章を書いたり、イラストを描いたり、写真を撮ったりするには手間と時間がかかります。しかしながら、それ以外の印刷費用やパッケージ費用などの経費をかけることなく、自分の作品を世界に向けて販売できる時代になりました。Kindleやnote

は商品が売れた時点で手数料が引かれるので、初期費用はほぼゼロ円でビジネスをはじめることが可能です。

⑥ 動画配信型副業

一時期、HIKAKINさんやはじめしゃちょーさんなど、著名YouTuberの活躍により、「動画配信」による副業が注目されました。Googleも「好きなことで、生きていく」というキャッチフレーズを用いて、YouTubeのテレビコマーシャルを放映し、YouTuberが小学生の将来なりたい職業トップ10にラインクインするなどの動画ブームが巻き起こったのは記憶に新しいところです。

YouTubeで収益を上げる仕組みは、動画を見に来た視聴者に広告を配信することにより、その表示回数やクリック回数に応じて、配信者が収益を得られるプログラムによるものです。

また、YouTube以外にも新しい動画配信システムが台頭してきています。代表的なサービスとして「17LIVE」や「SHOWROOM」があります。

→詳細はP193へ

⑦ オンライン講座配信型副業

オンライン講座配信型副業は、②の「スキル活用型副業」と③の「オンラインショップ型副業」、⑥の「動画配信型副業」をミックスした形の副業スタイルになります。

あなたの得意分野と経験を講座やワークショップとして構築して、録画、編集、動画のアップロード、紹介をすることで、あなたのノウハウを世の中に届けることが可能になります。自分のオンラインショップで講座を販売することも可能ですし、オンライン講座を取り扱うプラットフォームを利用することも可能です。

→詳細はP208へ

次のPartから、以上の7つのインターネット副業について、1つひとつ解説していきます。自分に合った副業を見つけて、ぜひ取り組んでみてください。

Point

**手をかければかけるほど
収益が積み上がっていくものが多い**

Part_2

リモートワーク時代は「インターネットでローリスク副業」

#01

ブログで収入を得る

ブログを書いてみよう

広告収入を得るためには、「ブログ」を開設する必要があります。

最初のうちは無料ブログでも構いませんが、できればWordPressでの運用にチャレンジしてみてください。なぜなら「WordPressを使える」というたった1つのことだけでも、大きな優位性になるからです。WordPressの導入方法については私のブログでまとめているので、ぜひ参考にしてチャレンジしてみてください。

なお、とにかく早く文章を書きたいというのであれば、無料ブログの「はてなブログ」か「ライブドアブログ」ではじめてもいいでしょう。

WordPressでブログをはじめる手順
https://parallel.careers/wordpress_blog_start/

ブログ運営は自己発信の要素もありますが、使い方によっては金銭的収益を上げることも十分に可能です。

ブログを活用した収益方法は、大きく分けて2つあります。1つ目が広告収入、2つ目が自社商品（サービスやセミナー、書籍などを含む）の販売へつなげる方法です。

本Chapterでは、1つ目の広告収入について詳しく解説します。自社商品の販売については、Chapter 3のオンラインショップ、Chapter 5の電子書籍に交えて解説します。

個人が運営するブログからの広告収入の代表的なものとして、**「クリック報酬型広告（Google AdSense）」**と**「成果報酬型広告（アフィリエイト）」**があります。また、成果報酬型広告には「物販型」と「サービス申し込み型」があります。

基本的に「クリック報酬型広告」はページビューの増大とクリックされやすい位置への広告配置が収益拡大のキモで、「成果報酬型広告」は適切なキーワードでの上位表示と申し込み（コンバージョン）率を向上させるための文章術やレイアウトの仕掛けがポイントになります。

Google AdSenseやアフィリエイトを活用して、ブログの運営費（ドメイン代金やサーバー代金）が軽減でき、ブログで稼いだお金で普段よりもちょっと高いランチが食べられたら、新たな経験をすることができます。勉強会の会費がブログから稼げたら、どんどん新しい学びを得られます。ブログで収入を得るという行為はなんら恥ずかしいこと、隠すべきことではありません。

Google AdSense
https://www.google.com/adsense

ブログで広告収入を得るために必要な5つの準備と心構え

クリック報酬型広告や成果報酬型広告を利用するにあたって必要な準備と心構えを5つ紹介していきます。

① 商品やサービスを紹介するための「ブログ」
② 成果報酬を振り込むための「銀行口座」

③ 必要な準備は「発信するジャンル」
④ 必要な要素はブログを運営する「楽しさ・モチベーション」
⑤ 必要な心構えはブログを書き続ける「継続力・持続力」

① ブログの開設

1つ目のブログは、もちろん広告を掲載するために必要になります。

副収入を得たいと考えている場合の注意点として、「広告を利用できる」という点があります。実は、国内最大級のブログサービスであるアメーバブログは自由に広告を設置できません。広告収入を得るためにブログを運営する場合には、はてなブログやライブドアブログ、あるいは自分でサーバーを借りてWordPressをインストールして運用することをおすすめします。

② 銀行口座

2つ目の銀行口座は、ブログ運営者と同名義の口座が必要です。これは都市銀行でもゆうちょ銀行でもネットバンクでも、入金できる口座であれば大丈夫です。

③ 発信するジャンル

3つ目の「発信するジャンル」は、ブログ運営で効率的に収益を上げるために、そしてブログ運営を継続させるための道標となります。

ブログ運営で報酬を得るためには、読者の役に立つ情報を提供し、効果的に商品やサービスの紹介をする必要があります。とくにブログのテーマとの親和性が重要になってきます。

たとえば、書評ブログで本を紹介する、ゲーム攻略サイトでアプリの紹介をすることも違和感はありません。海外旅行記のサイトで英会話の教材を紹介するのも自然です。これが親和性の高さです。

地域情報ブログでいきなりクレジットカードの広告があったらどう感じますか？　食べ歩きブログで化粧品の記事が掲載されたら読者は戸惑いますよね。

このように、ブログのテーマと紹介したい商品の関係性は非常に重要です。ノンジャンルでさまざまなジャンルの記事を載せているブログもありますが、効率的に成果を出すためにはジャンルを絞って親和性の高い商品を紹介したほうが早く結果につながりやすい傾向があります。自分の知識や経験、得意分野を活用できるテーマを選択しましょう。

④ 楽しさ　⑤ 継続力

４つ目の「楽しさ」と５つ目の「継続力」は、ブログ運営を続けるにあたって、精神的に重要な心構えになります。

ブログを開始してすぐに稼げるようになる人はひと握りです。ほとんどの人は最初の数か月は無報酬でブログを書き続けています。しかし３か月、半年、１年とブログ運営を続けることで、積み上げ式で報酬は伸びていきます。

大きく成果が出ている人、出し続けている人の特徴として、ブログ運営に「楽しさ」を感じている傾向が強いです。自分の好きなことを世界に発信しているという楽しさ、コメントやメールなどで読者から感想をいただくことによる自分の発信が読者の役に立っている実感、ブログ運営者同士の交流、自分の知識が増えることに対する喜び、純粋にお金を稼ぐことがうれしい……というように。

「楽しさ」の基準は人によって違いますが、ブログ運営自体になにかしらのモチベーションを見出すことが、継続の手助けになります。結果として「稼ぐ」ことにつながるわけです。

ブログ運営自体はお金に関するリスクは著しく低い仕組みのため、いくら失敗しても簡単に再起できます。自分のできる範囲内で頭と体を使う。そして報酬が伸びてきたら、アクセスや収益増加のために効率的に投資する。このサイクルを意識しておくことで、無駄なお金を使うことなく堅実なブログ運営が可能になります。

成長と投資で堅実なブログ運営が可能になる

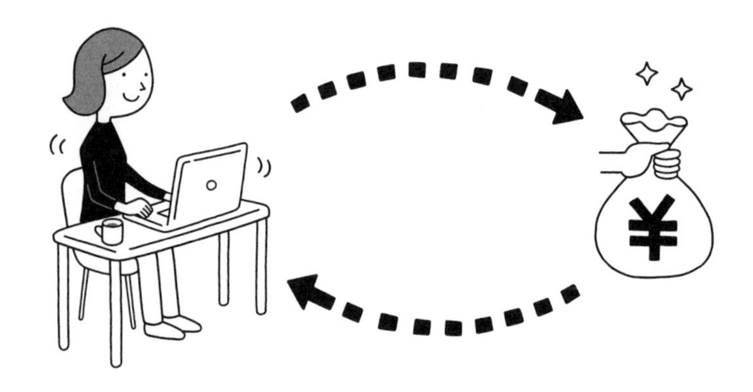

Point

まずはローリスクでできるブログ運営がおすすめ

#02
副業に使える オンラインツールの種類

ネット副業にはブログがおすすめ

「インターネット副業」を行なうにあたって、ぜひとも活用したい情報発信（交流）ツールがあります。本項では代表的なオンラインツールを解説します。

まずは「ブログ」です。2017年に発表されたデータでは、国内最大級のブログサービスであるアメーバブログだけでも利用者数が4200万人を超えています。日本国内には、他にもライブドアブログやはてなブログなどの無料ブログサービスが存在し、利用しているユーザーも数多くいます。

自分でドメイン（URL）を取得し、レンタルサーバーを借りて、WordPressやMovable Typeなどのコンテンツマネジメントシステム（CMS）をインストールし、ブログを運営している人もいます。今や誰もが簡単にブログを開設し、インターネット上に発信できる環境になっています。

ブログサービスってなにが最適なの？

いざブログをはじめようと思っても、世の中には数多くのブログサービスが存在していて、それぞれのブログサービスに特徴があり、初心者はどのサービスを利用すればいいのか迷ってしまいます。
この項では代表的な5つのブログサービスを紹介し、特徴やメリット・デメリットを解説します。あなたのやりたいことや方向性にマッチしたサービスを選ぶことで、効率的に運用することが可能になりますので、ブログ開設前にしっかり検証しておきましょう。

① アメーバブログ

https://ameblo.jp/

アメーバブログ（以降、アメブロ）は日本最大級のブログサービスです。
使いやすさは各種ブログサービスの中でもトップクラスで、初心者やパソコンが苦手な人でもブログを楽しみながら更新できるシステムになっています。パソコンの初心者が自分の趣味のブログを運営したいのであれば、文章を書くことだけに注力できるアメブロがおすすめです。
ただアメブロは規約で、運営会社の承諾のない商業行為を禁止しているため、ブログの運営を収益に直結させたい人には向かないサービスになります。
また、アメブロは独自ドメイン（自分のURL）が使用できないので、ブログを引っ越したいときなどは1からやり直しになります。

② ライブドアブログ

https://blog.livedoor.com/

ライブドアブログは情報発信による収益化や事業のPR、セミナーの紹介など、一般的な利用目的はほぼ網羅しているブログサービスです。

LINEが運営しているので急なアクセスアップにも対応でき、利用者は情報発信に集中することができます。また、あなたの記事がライブドアブログポータルに掲載されるチャンスもあり、そこからのアクセスも見込めます。

無料でありながらもさまざまな機能を利用でき、有料プランにすることで独自ドメインも利用可能です。

③ はてなブログ

https://hatenablog.com/

基本的な機能面はライブドアブログと大きな差はありませんが、「はてなブックマーク」というソーシャルブックマークサービスとの親和性が高く、他のブログサービスよりも「はてなブックマーク」からの集客がしやすいという特徴があります。

なお、独自ドメインは有料プランに申し込むことで利用できるようになります。

④ note

https://note.com/

noteは一般的なブログ機能に加えて、記事単体の販売ができることが特徴的なサービスです。利用方法もシンプルで、文章を書くことに集中したいという人に向いています。しかしながら、収益化の方法(後述するアフィリエイトの仕組み)に制限があるので、商品を紹介して稼ごうとする人よりも、作品そのものを販売していきたいという発信者の利用が多いです。

⑤ WordPress

https://ja.wordpress.org/

WordPressとは、無料で利用できるCMS※です。WordPressには2種類あり、オンライン上で利用できるWordPress.com（https://ja.wordpress.com/）と、レンタルサーバーを契約してそのサーバー内にインストールして利用するCMS型のWordPress.orgがあります。本書でのWordPressとは後者のインストール型のシステムを指します。

WordPressを利用する場合は、独自ドメイン（URL）を取得し、レンタルサーバーと契約した上で、自分の手でインストール作業を行なう必要があります。現在、WordPressはほとんどのレンタルサーバー会社の管理画面内に簡単インストール機能がついているので、利用しやすいサービスになっています。

ただし、WordPressはまったくゼロからブログの作成をしなければいけないので、すぐにアクセスを集めるのが難しい傾向があります。コツコツと記事を投稿してブログの情報を増やしていくとともに、FacebookやTwitterなどのSNSを活用してアクセス数を集めていく努力も必要です。

WordPressは非常に自由度の高いシステムの反面、運営コストがかかるのと、プログラムやデザインに関する知識が必要になる場合が多いので自分の熟達度に応じて利用するかどうかを検討しましょう。

※「Contents Management System：コンテンツ・マネジメント・システム」の略で、ウェブサイトのコンテンツを構成するテキストや画像、デザイン・レイアウト情報（テンプレート）などを一元的に保存・管理するシステム。

ブログサービスを選択するときに考える3つのポイント

どのサービスにも特徴があり、最初は選択に迷ってしまうことでしょう。仲間を作りたいのか、お金を稼ぎたいのか、集客したいのかなど、目的によっても選択の基準は変わります。

ここからは、選択のヒントになりそうな項目をさらに深掘りしていくので、自分がブログでなにをしたいのかを明確にして、利用するサービスを決めましょう。

a. ブログのレイアウト（デザイン）が自由に変更可能・変更が簡単

ブログのデザインが豊富で、記事が読みやすいレイアウトに自分で調整できるようなサービスを選びましょう。文字の大きさや段落、行間などの微調整をすることで、文章の読みやすさは格段に向上します。とくに文章を読ませたいと思っているのであれば、読みやすさという点は非常に重要なので、必ずチェックしておきましょう。

b. 広告を自由に掲載できる

ブログを通じてお金を稼ぎたい、収益を上げたいのであればGoogle AdSenseやアフィリエイトプログラムが利用できるブログサービスを選びましょう（収益化の詳細はChapter 1-05を参照）。せっかくアクセスが集まっても、収益化の手段がないのであればお金を稼ぐことはできません。残念ながらアメーバブログやnoteでは一部のアフィリエイトを利用することはできるものの、収益を軸に考えると選択肢からは外れてしまいます。各ブログの得意分野を認識した上で利用するサービスを決めましょう。

c. システムやサーバーが安定している

ブログの表示速度が遅かったり、メンテナンスが頻繁でブログを閲覧することができなかったりしたら、せっかく読者が訪れても記事を読むことなく去ってしまいます。ブログの投稿画面が不安定で、思うように投稿できなかったら時間的損失ですし、ストレスも溜まるでしょう。ブログの投稿や閲覧が安定しているブログサービスを利用しましょう。

自分でサーバーを借りてブログを運用するメリットとは？

無料ブログサービスを利用してブログを運営する最大のメリットは、運用リスクが低いという点が挙げられます。ブログ運営にかかる金銭的負担は基本的にゼロで、あなたが記事を書く時間コスト（手間賃）しか発生しません。デザインのテンプレートも数多く用意されているので、細かな設定よりも記事を書くことだけに集中してブログ運営が可能です。

もし、紹介している商品がテレビに取り上げられるなどして急にアクセスが増えたとしても、ブログサービスの運営会社はブログの安定表示のための対策を行なっているので、サーバーが落ちてブログを閲覧できなくなる危険性も低いです。

しかしながら、管理を運営会社に依存しているデメリットもたしかに存在します。最も大きなデメリットは、運営会社の方針や規約に準拠していないと警告を受ける、最悪の場合はブログが削除されてしまうという点です。他にも運営会社が収益を上げるために配信している広告が、あなたの意思とは関係なく表示される点もデメリットとして挙げられます。

自分でサーバーを借りてブログを運用する最大のメリットは「自由度の高さ」です。自分の好きな方法で商品やサービスを紹介でき、ブログのデザインや広告の配置位置などもあなた好みに変更することができます。

デメリットは、ブログ運営に関するすべての要素が自己管理だということです。急激にアクセスが増加した場合、安価なサーバーだとアクセスの負荷に耐えられずにブログが閲覧できなくなってしまう場合があります。デザインや検索エンジン対策なども自分自身で勉強していく必要があり、ただ記事を書くだけでなく総合的にブログを管理するための能力が必要になります。

どのようなサービスにも一長一短があります。あなたのやりたいことやスキルを冷静に判断して、自分にとって一番バランスのとれたサービスを選択することが大切です。

代表的なSNSの種類

現在、インターネット上で影響力を持つためには、ブログとSNSのいずれか、あるいは両方を活用することが求められます。SNSからは、ブログとは違った読者層を集めることができます。すでに利用している方には復習的な内容になりますが、まず代表的なSNSであるFacebook、Twitter、Instagramについて解説します。

① Facebook

https://www.facebook.com/

Facebookの大きな特徴として、「実名制SNS」という点が挙げられます。実社会の友人ネットワークをインターネット上に再現し、交流を促進させるプラットフォームです。

Facebookの情報は、あなたの歴史です。プロフィールには学歴や職歴、趣味・嗜好、居住歴や交友関係、そして自己紹介欄があり、簡単な履歴書のような形式になっています。そしてタイムラインには、あなたがそのとき体験したこと、考えたことを記録していくことができます。だからこそ、あなた自身のキャラクターが重要になってきます。

自分自身をアピールしたいのであれば、自分の得意分野にフォーカスした投稿を心がけることをおすすめします。サッカーが好きならサッカーの情報を多めに載せてみるといいでしょう。料理研究家なのであれば、美味しいレストランや簡単レシピをシェアしてもいいでしょう。あなたがどのような考え方を持って成長してきたかを上手に開示していくことで、あなたに関心がある人が集まってきます。

そしてもう1つの特徴として、一度出会った人との人間関係の維持、あるいは交流を活発化させる点が挙げられます。勉強会で意気投合した人と名刺交換をしても、現実社会では交流が続くことは多くありません。ただFacebookで友人としてゆるくつながっておくことにより、自分のタイムラインにその人の情報が流れてくるようになります。その投稿が面白いと思えば「いいね！」を押したり、コメントしたりすることでコミュニケーションをとることができます。

その場かぎりの出会いではなく、インターネットというバーチャル上の世界でも交流を深めることは十分可能です。この交流を促進させるという役割が、Facebookの大きなメリットとなっています。

② Twitter

https://twitter.com/

Twitterとは140文字以内の短文の投稿をリアルタイムに共有するプラットフォームです。大きな特徴としてRT（リツイート）があります。リツイートとは他のユーザーの投稿をそのまま自分のフォロワーに向けて再投稿することで、1つのツイートを広く拡散することができる機能です。このリツイート機能をうまく活用することにより、多くの人に1つの情報を拡散することも可能になってきます。

具体的に数値を挙げて説明すると、あなたのフォロワーが100人いたとします。まず、あなたのつぶやきが100人のフォロワーのタイムラインに表示されます。そのフォロワーの中であなたのつぶやきが面白い（共有したい）と思ったらリツイートをするわけです。その人のフォロワーが300人いればあなたのツイートはその300人にさらに拡散されます。もし1000人のフォロワーを持つ人がリツイートしてくれれば、10000人のフォロワーを持つ人がリツイートしてくれれば、さらに多くの人にあなたのつぶやきが読まれることになります。

ただし、Twitterはリアルタイムで情報が流れていくサービスなので、つぶやくタイミングによって閲覧される回数は大きく変わってきます。あなたの投稿が最大のパフォーマンスを生み出すタイミングを測りながら効果的につぶやくことが、多くのシェアを生み出す秘訣になります。

③ Instagram

https://www.instagram.com/

Instagram（インスタグラム）とは、スマートフォンで撮影した写真を共有するプラットフォームです。iPhoneやAndroidスマートフォンでInstagramアプリをインストールすることで、利用が可能になります。パソコンからは閲覧可能ですが、基本的に投稿はできない仕様になっています。

Instagramは写真の力によって商品やサービス、景観の魅力を伝えるには最適なプラットフォームとなっており、PR活動における重要なツールとなっています。

Instagramのキモは、とにかく写真です。複数枚撮影して一番出来のいい写真を使うことはもちろん、アプリの加工機能で、より良くなるよう調整しましょう。なお、飲食店やネイルサロン、ヘアサロンなど、いわゆるインスタ映えする業種でよく利用されています。

魅力的な写真を投稿し、キャプション（コメント欄）で補足説明やハッシュタグを投稿し、情報を拡散することが可能です。

Instagramではブログ等のURLを貼りつけることはできませんが（フォロワー数が10000人を超えたアカウントはインスタストーリーのコメント欄にURLを掲載可能）、プロフィールに自分のサイトのURLを記載することは可能です。Instagramのプロフィール欄に誘導し、そこから自分のブログを知ってもらう仕掛けが必要になります。

④ YouTube

https://www.youtube.com/

YouTubeはGoogleが運営する世界最大の動画共有プラットフォームです。そして、実はYouTubeはSNSでもあります。

インターネット上でコメントを書き込めたり、情報を共有したり、シェアなどで拡散できるのがSNSの特徴ですが、YouTubeもチャンネルをフォローしたり、動画にコメントすることができたり、動画をシェアして拡散できる、立派なSNSなのです。なおかつYouTube側からのおすすめ動画が表示される機能もあります。

一方、任意のキーワードでYouTube内、あるいはGoogle検索でお目当ての動画を探すことも可能です。そういった意味ではブログ的要素も兼ね備えているシステムになっています。

また動画単体での配信だけでなく、ブログの補足媒体としての活用も可能です。文章中心のブログ記事の補完だけでなく、写真では伝えられなかった「動き」を見てもらう方法としてもあなたの情報発信を助けてくれるようになります。

なお、動画はTwitterやFacebook、Instagramでも利用可能なので、収録や編集方法を身につけておくことは大きな強みになります（詳しくはChapter 6で解説します）。

SNS、動画で拡散されやすい投稿の傾向

SNSでシェアされやすい発信の方法はシンプルです。それは人の感情を揺さぶるような内容か、極端な内容です。画像も重要な要素となります。

まず、感情を揺さぶるような内容というのは「感動」「笑い」「サプライズ」といった読み手の好奇心を刺激するようなフレーズです。タイトル内に読者の興味関心を惹くような文言を入れておくことで、

「リツイート」や「いいね」をしてみようと思わせることができます。「喜」や「楽」などの前向きな感情を揺さぶった場合にはポジティブな反応が、「怒」や「哀」などの後ろ向きな感情を揺さぶった場合はネガティブな反応が起こりがちです。

極端というのは、いわゆる「とがった内容」です。良くも悪くも議論を生み出しそうな話題を投稿することで、その話題に同意できる人とできない人との議論を促す手法です。

たとえば、ブームになっている状況に、反対意見を持って果敢に切り込みにいったりする行為です。ただ、この方法は心の強さを求められるので、時折、スパイス的に使うのであればいいかもしれませんが、情報発信をはじめたばかりの人が使うのはあまりおすすめできません。

画像の影響は大きい

最後に、画像についてです。SNSでは画像の力は驚くほど大きいものがあります。観光地の絶景ポイントのことをいくら言葉で解説しようとしても、その美しさの半分も伝わりません。しかし、ただ1枚、写真を貼りつけておくだけで、その光景は表現できます。そして、その景色の美しさに感動した人たちが勝手に拡散してくれるのです。貼りつける写真はなるべく感情を揺さぶるものを選択しましょう。

なお、SNSなどで話題になり拡散されていく現象をバズ（バズが生まれる、バズった）と言います（バズについてはPart_3のChapter 2-02で解説します）。

Point

さまざまなツールがある中、
自分に合うものを使っていこう

#03
検索エンジンから ブログに集客する

検索エンジンの持つ役割とは？

ブログで集客するためには、２つの方法があります。１つ目は検索エンジンからの訪問、２つ目がSNSからの訪問です。ここでは検索エンジンについて解説します。

まず、検索エンジンの持つ役割についてです。
現在、日本国内で主に利用されている検索エンジンはGoogleとYahoo! Japan、そしてマイクロソフトの運営するBingの３つです。実は、Yahoo! Japanの検索システムはGoogleの検索システムを利用しており、２つの検索エンジンを合わせたシェアは9割を超えています。
検索エンジンは、任意のキーワードで検索された際に最適だと思われる順序で検索結果を表示させます。Part_1のChapter 2-04で軽く触れたチンジャオロースの話が該当しますが、ユーザーがどのような答えを求めているのかをGoogleのプログラムが判別して、検索結果に表示させる役割を担っているわけです。

あなたの書いたブログ記事が検索エンジンに認識（インデックス）されることで、検索結果に表示されるようになります。ただやみくもに記事を書くのではなく、検索エンジンに好まれる、理解されるように文章を構成することで、効率的にアクセスの向上を見込むことができます。

特定のキーワードやフレーズの検索結果で上位に表示されればされるほど、検索エンジンからあなたのブログに訪れる人が増えます。この検索エンジンに好まれるために行なう施策を、一般的に**検索エンジン最適化（Search Engine Optimization＝SEO）**と呼びます。

検索エンジンを利用するのはどんなとき？

さて、あなたが検索エンジンを利用するときはどのような状況でしょうか。

大きく言えば、「悩み（疑問）を解決したいとき」に検索エンジンで調べ物をするはずです。この検索時に使用するキーワードを研究することで、商品やサービスに対して関心度の高い読者を集めることができます。

たとえば、高校野球で夏の甲子園が盛り上がっている最中に、自宅のテレビが故障したとしましょう。高校野球ファンからしてみたら大ピンチです。大きな悩み（疑問）です。

まず修理のために、「テレビ　故障」や「テレビ　映らない」などテレビを直すための検索をすることが考えられます。あるいは「甲子園　アプリ」「高校野球　動画」など、代替手段を探すかもしれません。

たとえば、明日、親友の結婚式なのに顔にニキビができてしまったとしましょう。

せっかく結婚式用のドレスも用意して、余興の練習も万全なのに、ニキビができてしまった。大ピンチです。そんなときは「ニキビ　治療」や「ニキビ　隠す　メイク」といった検索方法が考えられます。

ほしい商品があった場合、「商品名　感想」や「商品名　レビュー」と検索することが想定できます。「商品A　商品B　比較」と検索することも考えられます。転職を考えている人であれば、「職務経歴書テンプレート」や「転職サービス　おすすめ」と検索するでしょう。「退職願　書き方」や「失業手当　手続き」で検索するかもしれません。

このように、検索に使用されるであろうワードを書き出して、その文字を含めた興味を引くタイトルを考え、本文には解決法を書いていく必要があります。

人にしづらい相談もよく検索されている

もう1つ、検索を利用する代表的なタイミングがあります。それは「人に相談しづらい悩みがあるとき」です。

たとえば、ダイエット。友人に自分の体重や体脂肪率を打ち明けるのは恥ずかしいですよね。たとえば、頭髪のこと。若くして薄毛になってしまった状況を、親しい友人に相談できますか？

このように、コンプレックスにかかわる内容もインターネットで検索される場合が多いです。

ブログの内容は訪問者の悩みを解決して、未来の自分が少しでもよくなるような期待感を持ってもらうことが重要です。この商品やサービスを使えば「自分にも同じような未来が訪れるかもしれない」といった期待を持った読者や、あなたの体験や感想に共感してくれる人が商品を買ってくれるのです。

情報という価値を提供し、対価として報酬を受け取る。この信頼関係を積み上げていくことにより、報酬額は向上していきます。

Point

人は「悩み」を解決したいとき」に検索エンジンを利用する

#04 アクセスが上がる傾向のジャンルとは？

自分の得意分野がアクセス数アップに？

テーマによってはアクセスが集まりやすいジャンル、収益が大きくなりやすいジャンルも存在します。もし自分の得意分野、チャレンジしたい分野と共通する要素があれば、上手に組み合わせることで効率的にアクセス数の向上や成果の発生を見込むことが可能なので、ぜひ試してみてください。

・トレンドキーワード

新製品の発売や注目の集まるイベントなどを積極的に記事にすることで、その情報を求めている読者層の流入を見込むことができます。たとえば、iPhoneの新機種発表のタイミングに合わせて、解説記事を大量に投稿するといった具合です。

この書籍の原稿を書いている2020年9月時点の情報で言えば、「リモートワーク」や「GO TO キャンペーン」の情報がトレンドキーワードに適合します。これから開催される大きなイベントに関する情報を準備しておくことで、シーズン直前から大きなアクセスを呼びこむことができるでしょう。

・シーズンキーワード

四季折々、季節に応じたキーワードが存在します。夏休みや冬休みの家族旅行先、春休みの卒業旅行情報、海水浴場、スキー場、花火大会、七五三におすすめの神社、小学生の夏休みの自由研究のテーマ、入学や卒業、季節に応じた野菜の育て方、資格試験の勉強法などなど。

ざっと挙げただけでも、これだけ季節のキーワードがあるわけです。これらの情報を効果的に発信することで、毎年、そのシーズンが訪れると自動的にアクセスが集まってくるブログになるわけです。

・エリアキーワード

旅行記や飲食店の食べ歩きなど、エリアを絞ることでその地域の情報を求めている読者を集めることが可能です。

たとえば、「多摩ポン」というサイトは、東京の多摩エリアの情報特化型サイトとして価値を提供しています。これからであれば、2023年に開業予定とされているハリーポッターのテーマパークの周辺の情報を詳しく載せることで、アクセスを集めることも考えられます。

多摩ポン

https://tamapon.com/

・鉄板キーワード

時期を問わずアクセス数が期待できる鉄板キーワードも存在します。とくに、体験記やノウハウ系の普遍的な情報を多数掲載することで、安定したアクセスを狙うことが可能です。

たとえば、エクセルの使い方や自宅での筋トレ方法などは、この先も求められる情報でしょう。しかしながら、これらの鉄板キーワードはすでに競合も多いので、より濃い内容・丁寧な内容の情報を心がけるか、自分の身体を使って実体験を載せるようなオリジナリティが重要となります。

収益が大きい傾向のジャンル

収益が大きくなる傾向の強いジャンルとして、次の３つが挙げられます。

収益が大きいジャンル

・そもそもの単価が高い業界（不動産、自動車、パソコン、旅行）
・一生涯における使用金額が大きい業界（保険、株・FX 取引、キャッシング、クレジットカード）
・原価が低く利益率が高い業界（就職・転職、資格、語学）

これらのジャンルに共通して言えることは、**ライフタイムバリュー（１人の顧客が取引期間を通じて企業にもたらす利益）の大きい業界**になっている点です。

一度、顧客になってもらえれば、生涯を通じて大きな利益を会社にもたらしてくれるお客との接点を持つために、企業は広告を出すわけです。その生涯利益が大きければ大きいほど、顧客獲得のための初期投資の金額も大きくできるので、結果として収益が伸びます。

もし自分の得意分野が、ライフタイムバリューの高い業界とマッチしていたら大きなチャンスです。宅地建物取引士の資格を持っていて、不動産業界に勤めていたのであれば、リーズナブルにマンションを買う方法を解説したブログを書いてもいいでしょう。英語が得意なのであれば、英語の勉強法の解説ブログを作ってもいいでしょう。

今は得意分野でなくても「英語を話せるようになりたい！」という強い意志があるのであれば、勉強記や英語教材の体験記を書いてもいいでしょう。読者と一緒に努力している姿勢が感じられれば、大きな共感を生んで応援してもらえるブログになります。

とにかく**大切なのは、目的をはっきりさせることと、自分ができることはなにか認識しておくこと、そしてその情報が読者に喜ばれるかということを考えてテーマを決めることです。**最初からこの３点が定まっていれば好ましいですが、１つしか決まっていない状態からブログを運営していくうちに１つひとつ定めていくのでも構いません。一歩一歩、魅力的なブログに仕上げていきましょう。

成功させるために必要な３つの考え

Point

アクセスが上がるジャンルに自分の得意分野があれば積極的にトライしよう

#05 ブログで収入を得るためには？

ブログを収益化する３つの方法

ここからは、具体的に収益化について解説します。

一般的に利用されているのは「クリック報酬型広告」「成果報酬型広告」「記事広告」の３つですが、この項では取り組みやすい「クリック報酬型広告」「成果報酬型広告」について紹介していきます(「記事広告」は読者特典のPDFを準備しましたので、P116のQRコードからお読みください)。

① クリック報酬型広告

クリック報酬型広告の代表として**Google AdSense**があります。広告を出稿したい会社がGoogleの提供するシステムを通じて、各ニュースサイトや個人ブログなどのメディアに最適化された広告を配信する仕組みです。

Chart 04

Google AdSenseの仕組み

配信された広告が読者にクリックされることにより、メディアには報酬が、広告主には広告料が発生します。なお、Googleは仲介手数料をもらう仕組みになっています。クリック報酬型のシステムは、配信された広告がクリックされるだけで収益になります。そのため、ブログの運営者は訪問者数を伸ばす施策や、効果的に広告をクリックしてもらうレイアウトの検証に注力することができます。

簡単にGoogle AdSenseの運用方法をまとめると、次のような流れになります。

Google AdSenseの運用方法

1. Google AdSenseに登録する
2. 自分のブログにGoogle AdSense広告のプログラムコードを配置する
3. 配信された広告を読者がクリックする
4. ブログ運営者が報酬を得る

Google AdSenseの申込方法については次の動画やヘルプページをご確認ください。

Google AdSense お申し込み方法
https://support.google.com/adsense/answer/10162?hl=ja

② 成果報酬型広告（アフィリエイト広告）

アフィリエイトというと、怪しいお金儲け的な印象を持っている人もいるかもしれませんが、決してそんなことはありません。

アフィリエイトは、「成果報酬型広告」と呼ばれるインターネット広告の配信方式の一種です。ブログやSNSなどで製品やサービスを紹介し、その記事を読んで興味を持ってくれた人が商品を購入した、サービスを申し込んだ際に報酬が発生するシステムです。

Chart 05

アフィリエイトの仕組み

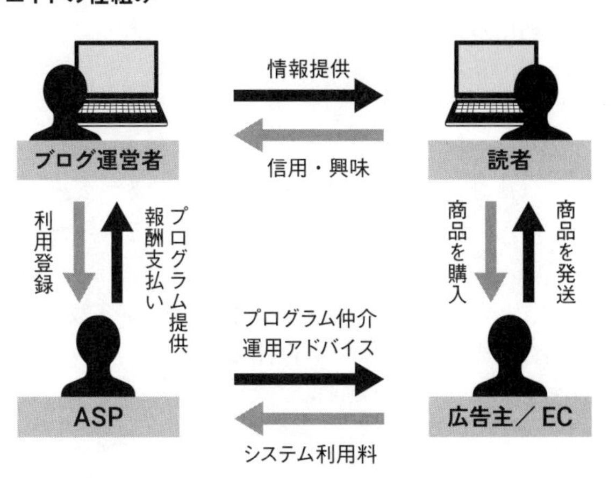

実は、ポイント交換サイトや商品レビューサイトなどの企業サイトでもアフィリエイトが活用されています。

セゾンポイントモール
https://www.a-q-f.com/

価格.com
http://kakaku.com/

セゾンポイントモールのようなポイントサイトは、ユーザーがポイントを得るためにサービスに申し込むことで、運営者（クレディセゾン）にアフィリエイト報酬が入る仕組みになっています。

価格.comのような商品レビューサイトでは、実際に商品を利用した人が使用感をコメントし、その感想を読みに来たユーザーが商品を購入することで運営者（カカクコム）に報酬が入ります。

このように、企業でも自社の収益を向上させるためにアフィリエイトの仕組みを利用しているのです。もちろん、個人のブログ運営者も利用することができます。

アフィリエイトを利用するときは、アフィリエイトサービスプロバイダー（ASP）に登録して、商品やサービスを探すことが一般的です。Amazonアソシエイトや楽天アフィリエイトといったショッピングモールとASPを兼務しているサービスもあれば、A8.netやバリューコマースといった仲介機能に特化したASPも多数存在します。

また、通信大手のNTTドコモも自社でアフィリエイトサービスを開始しています。

ドコモ アフィリエイト
https://affiliate.docomo.ne.jp/

広告主（EC）は、販売のための広告コストを抑えながら商品やサービスを積極的に展開することが可能で、ブログ運営者は自分の好きな商品を紹介することができます。発信者側は、在庫の心配（仕入れ費用や保管場所の問題）を気にせずビジネスの展開が見込めるというのは、金銭面でのリスクが著しく低いということに気がつくはずです。商品が売れた際にブログ運営者は指定額の報酬を受け取ることができ、広告主は商品の売上が確定してから報酬を支払うというシステムなので、無駄な広告費を使わない運営も可能になります。

主なアフィリエイトサービス

・Amazonアソシエイト

https://affiliate.amazon.co.jp/home

Amazonで取り扱う1000万点以上の商品すべてを、アフィリエイトとして紹介できます。書籍や家電、パソコンから、電子書籍や衣類、靴類など、幅広い商品を紹介可能です。登録審査もそれほど厳しくないので、初心者でもチャレンジしやすいプログラムになっています。

成果報酬の料率は0.5～8％程度で、1商品あたりの最大報酬額は1000円となっていますが、まとめ買いなどの導線もしっかりしており、使い方によっては相当額の報酬を得られるプログラムです。

物販以外にも、配送のお急ぎサービスやAmazonが提供するデジタル特典を追加料金なしで使える会員制プログラム「Amazonプライムメンバー」の紹介プログラムや、Kindle書籍（対象書籍）の読み放題サービスである「Kindle Unlimited」の紹介プログラム、4000万曲以上の楽曲やプレイリスト、ラジオなどを楽しめる音楽聴き放題サービス「Amazon Music Unlimited」の紹介プログラムを申し込んでもらうことで、1件につき500円の報酬を得ることも可能です。

・楽天アフィリエイト

https://affiliate.rakuten.co.jp/

楽天市場で取り扱っている5000万以上の商品はもちろんのこと、楽天トラベル、楽天オークション、楽天カードなど、幅広いジャンルのサービスを紹介して報酬を得ることができます。

Google AdSenseとアフィリエイトの違い

Google AdSense（クリック報酬型広告）	
報酬形態	クリック報酬型（まれにインプレッション型 ※広告の表示回数に応じての報酬）。広告先のサイトで商品やサービスが売れたかどうかは成果に関係ない。
広告の張替え	最適化された広告が自動配信されるため基本的に張り替える必要はない（配置場所変更等のメンテナンスは必要）。
1アクションごとの報酬額	1クリックあたりの報酬額は低め。平均的には1クリック20～30円（配信された広告のジャンルによって変動）。
報酬増加要因の傾向	ブログのページビューや、広告の配置位置、ブログのテーマ（広告単価に影響を与える）による変動が大きい。
アカウント取得	審査制
報酬の最低支払い額	8000円（2020年9月現在）
備考	利用申請を行なうためには、ブログを独自ドメインで運営する必要があります。URL（https://〇〇〇.com の〇〇〇の部分）を自分で設定できない無料ブログサービスでは申請できないので、ブログを開始するときに注意しましょう。

報酬率はショップや実績により1～数十％まで変動するため、高額の報酬を得ることも可能です。楽天ID（楽天市場など楽天のサービスで使える共通のアカウント）があれば誰でもアフィリエイトプログラムの利用ができるので、初心者でも取り組みやすいASPになっています。

・A8.net

https://www.a8.net/

日本最大級のASPの1つで、累計の広告主は1万件を超えています。

アフィリエイト（成果報酬型広告）	
報酬形態	成功報酬型（成果報酬型）。あなたのブログ経由で商品が売れたり、サービスが申し込まれたりすることによって報酬が発生する。プログラムによっては資料請求など無料のアクションでも成果として認められる。
広告の張替え	紹介するプログラムに応じて広告コードの張替えが必要。アフィリエイトプログラムが終了した広告コードのメンテナンスも大切。
1アクションごとの報酬額	商品販売額の1～20%、1件申込みあたり数千円というプログラムも存在する。
報酬増加要因の傾向	どのような検索キーワードでブログに呼び込むかが重要。訪問してくれた読者に、その商品がほしくなるような記事を読んでもらうことで、申込み率を向上させる必要性もあり。ページビューは少なくても、関心度の高いユーザーを集めることで効率的に商品を販売することが可能。
アカウント取得	審査制（楽天アフィリエイトは登録制）

常時5000件近いアフィリエイトプログラムが稼働しているので、メジャーな案件からニッチな案件まで幅広く商品やサービスを探すことができます。審査も比較的緩やかなので、初心者でも申請しやすいASPになっています。

商品の販売手数料だけでなく、資料請求などの申込みでも成果報酬が発生するプログラムもあります。

・バリューコマース

https://www.valuecommerce.ne.jp/

日本初のASPで、延べ75万を超えるアフィリエイトサイトが登録する、国内最大級のアフィリエイトネットワークとなっています。

Google AdSenseとアフィリエイトで収益を上げる手法を解説した書籍は数多くあります。また、本書を読んでいただいた読者のみなさんへの特典として、ブログで収入を得るための方法をさらに深く解説した特典ページを用意していますので、次のURLからご確認ください。

『副業力』特典ページ
https://parallel.careers/bonus/

Point

Google AdSense とアフィリエイトを併用していこう

#01
クラウドソーシングで稼ぐ

クラウドソーシングで稼ぐために必要な３つの力

２つ目の副業として紹介したいのが「スキル活用型副業」です。

文章が書ける、パソコンで絵が描ける、ウェブサイトのデザインができる、アプリ開発経験がある、ビジネス英語が使える、動画編集ができる、作曲が趣味などなど、あなたのスキルや経験はお金に変えることが可能です。

とくに昨今、スキルを活用したい人（クラウドワーカー）と、仕事を発注したい企業や個人（クライアント）を、インターネットを通じてマッチングさせる「クラウドソーシング」というサービスが普及しています。これにより、在宅で自分に合った仕事を探すことが容易になりました。

クラウドソーシングを活用した副業を行なう場合は、サービス提供会社に登録する必要があります。国内には数多くのサービス提供会社がありますが、本項では国内最大級の２社を紹介します。

クラウドワークス
https://crowdworks.jp/

ランサーズ
https://www.lancers.jp/

ウェブサイトにアクセスするとわかりますが、「システム開発・運用」「ウェブ制作・ウェブデザイン」「デザイン」「ライティング」「翻訳」など、数多くの仕事が登録されています。この中から自分の希望に沿った仕事を探し、受注依頼を提出し、発注者があなたのスキルや実績を見て判断し、仕事がマッチングされるわけです。

とはいえ、すべての人が最初から望む仕事や、高額の報酬を得られるとはかぎりません。世間的に需要が大きいスキルを保有している人は満足する金額を得られるかもしれませんが、誰でもこなせるような単純作業は報酬額が低く設定されていることがほとんどです。それでも希望者が多い場合は、クラウドワーカー同士で仕事を取り合う事態も発生します。

Point

あなたのスキルや経験を お金に変えることができる

#02
「技術力」「実績」「営業力」の伸ばし方

クラウドソーシングで稼ぐために必要な3つの力

クラウドソーシングで稼ぐために必要な要素は3つあります。それは「技術力」「実績（評価）」「営業力」です。

「技術力」が高ければそれだけレベルの高い成果物が期待でき、プロフィールで今までの成果物を掲載しておけば技術力の裏づけになります。クラウドソーシングサービスサイト内での「評価」（発注者・受注者がお互いを評価・レビューすることが可能）が高ければ発注者は安心して仕事をお願いすることができます。結果として、仕事の量が増え、報酬も高くなります。

そして、忘れてはならないのが「営業力」です。クラウドソーシングはインターネット上のシステムなので、発注者と顔を合わせる必要はありません。提示された条件で粛々と仕事を納品するだけでも問題ありません。しかし、技術力と実績があれば、単価アップの交渉も十分に可能です。つまり、技術と実績があなたの営業力の代わりになるとも言えます。単価が1.5倍になれば、同じ仕事量でも報酬が1.5倍になります。この差は非常に大きいものがあります。

Chart 06

クラウドソーシングに必要な３つの能力

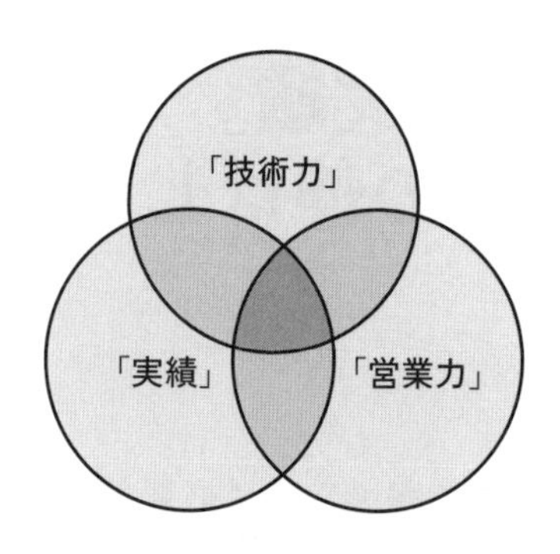

この３つの能力を磨いておけば、クラウドソーシングの仕組みを使わなくても、直接取引で仕事を得ることも可能になります。

ランサーズなどのプラットフォームを利用する場合は、発注者側からシステム提供会社に手数料が支払われています。直接、仕事を受けることで、それらの費用も報酬に上乗せしてもらうことも可能なわけです。もちろん、サービス提供会社は報酬不払いなどのトラブルを防ぐために、利用者保護のさまざまな仕組みも提供しています。クラウドソーシングに慣れてきたら、メリットとリスクを天秤にかけて、自分に最適な請負方法も検討しましょう

３つの力の伸ばし方とは？

「技術力」「実績」「営業力」は、どのように伸ばしていけばいいのでしょうか。

正直なところ、「技術力」については今までの経験が重要になるので、これをやればすぐに伸びるというものはありません。得意分野、好きなことを継続して自分のスキルをさらに伸ばしていくことが重要です。あるいは、クラウドソーシングサービス内でそこまで高いスキ

ルを求められていない仕事を探し、経験を積み、1歩1歩上達していくことも大切です。技術力が高い水準になっていくことで、次に解説する「実績」や「営業力」による報酬アップにつながります。

次に実績の積み上げ方についてです。「実績」という言葉にはさまざまな意味があります。

「実績」の意味

・本業や現実社会での実績
・特定のジャンルに関する実績
・クラウドソーシング上の実績

本業の実績が公開可能、あるいは親和性の高い資格を取得している人は、それをぜひ活かしましょう。専門知識や経験があるだけで、他の登録者との差別化になります。これは上の2つの実績に該当します。

しかしながら、名前を出さずに副業をやりたいという人も多く存在します。その場合は、3つ目の「クラウドソーシング上の実績」を積み上げる必要があります。

クラウドソーシングのメリットは、サービス内で実績が「見える化」されることです。今までどんな案件を受注したのか、クライアントからの評価は高いか、といったことが誰からも確認することが可能なわけです。どれだけ本業の実績が多くても、業界知識が豊富だったとしても、クラウドソーシングに登録したばかりで実績がゼロだと、「この人は信用できるのか？」「クラウドソーシングの使い方に慣れてなさそうだけど大丈夫だろうか？」と思われてしまい、敬遠される可能性もあるわけです。

・クラウドソーシング内の実績(評価)を伸ばすためには？

実績が少ないうちは低単価案件で受注数を増やし、実績作り（評価の積み上げ）に励むしかありません。

評価が少ないうちは高単価案件は受注しづらいですし、受注できたとしても専門知識やスキル不足が原因でクライアントの期待に応えられず、１回かぎりの取引で終わってしまう危険性があります。まずは評価数や経験値を増やすことを意識したほうが、将来的に高単価案件を受注できるようになります。あせらず、地道に実績を作っていくことが不可欠です。

・クラウドソーシング用のプロフィールを作成しよう

クラウドソーシングサービスを利用すれば、掲載されている仕事の中から自分のやりたいものに応募することが可能です。そして、発注者に選ばれれば仕事として成立します。もちろん、応募したからと言って、必ず選ばれるとはかぎりません。そもそも「あなたが何者なのか、どんなことができるのか」を明記していない人には、いい案件はまわってきません。

たとえば、クラウドソーシングに「ライター」として登録している人だけでも何万人もいますが、クライアント側も「ライターなら誰でもいい」というわけではありません。紙の雑誌での執筆経験があるのか、ウェブメディアでの執筆経験があるのかでも、持っているスキルは異なります。

「ホームページを作る」とひと言で表しても、ホームページのデザインが得意なのか、裏側のシステムを構築するのが得意なのか、クライアント側が求めている能力はまったく違います。

そこで重要になるのが「プロフィール」です。クラウドソーシングを利用していても思うような仕事が受注できない人は、プロフィールページの情報が圧倒的に足りません。長々と書けばいいというわけではなく、必要な情報を適切にまとめましょう。

最低限、載せておきたい情報は次の通りです。

プロフィールに載せておくべき情報

・応募したい仕事に関連した実績
・職歴
・経歴
・得意分野

クラウドソーシングでは、クライアントから見て「どんな仕事を任せたら大丈夫か」というのがわかるプロフィールを意識しましょう。クラウドソーシングはインターネットのサービスだけあって、キーワード検索でマッチしそうな人を探すクライアントも多いです。プロフィールをしっかり埋めておけば、検索にも引っかかりやすくなります。

プロフィールは、自分をPRするためのものにもかかわらず、上手に自分のPRができている人は多くありません。クラウドソーシングで必要な自己PRは自分のことをアピールすることと同時に、クライアントが「この人に依頼すると自分にとってメリットがありそうだから頼んでみよう」と思ってもらう必要があります。自分が伝えたいことではなく、「読んでくれる人がほしい情報」を適切に載せるものだと意識しておきましょう。

たとえば、あなたが「旅行を取り扱うメディアでライターとして活躍したい」と思っているとしたら、どのような内容をプロフィールに掲載するでしょうか。

情報が足りない例

旅行が大好きなので旅行関係の記事を書きたいと思っています！

いい例

私はこれまでに国内100か所、海外は５か国への旅行経験があります。とくに国内旅行では温泉の泉質に、海外旅行では旅費の節約にこだわっています。英会話については英語で問題なくコミュニケーションできるレベルです。

一眼レフカメラも所有しており、旅先の写真撮影も楽しみの１つです。写真はブログで公開していますので、ぜひご覧ください（https://〇〇.jp）

なお、以下のウェブメディアの執筆経験もあります。代表的な記事を掲載します。
https://〇〇.jp
https://〇〇.com

本業では□□関連の仕事をしており、この知識や経験を本業以外にも活かしたいという思いから副業としてライター活動をしています。本業は残業が少なく、ライター業に充てられる時間も安定しておりますので、納期の遅れなどはこれまで一度もございません。

情報が足りない例では、「旅ライターになりたい！」という気持ちをストレートに表現していて熱意は感じますが、クライアントに響く文章になっていないのがわかると思います。一方、いい例では、旅行経験や得意な分野について言及しています。

とはいえ、「副業なのであまり詳しいプロフィールを書いて身バレしたくない。でも仕事はほしい」という人も多いと思います。副業活動をしていることを周囲に内緒にしておきたい場合は、プロフィールになにをどこまで書くべきでしょうか。中には「身バレ」を恐れてプロフィールをほぼ空欄にしてしまっている方もいるのですが、それではあなたが求める仕事に出合うことは困難です。ありのままを書くのが難しい場合は、内容を少しぼかして書くのが現実的な対処法です。

たとえば、「美容関係」「飲食関係」など業種や、「経理職」「システムエンジニア」など職種で書くことも１つの方法です。「本業の仕事柄、エクセルの作業は得意です」といった書き方をすれば、本業をぼかしつつ得意分野のアピールも可能です。書ける範囲でしっかり埋めておきましょう。

・本名・顔出しは必須ではない

「本名のほうがいいですか？」「顔写真を掲載すべきですか？」という質問をよく受けますが、どちらも必須ではありません。いずれも「クライアント側から“なんとなく”信頼されやすい」というだけなので、本名や顔写真を出すことがデメリットにつながる人は無理してはいけません。

副業でライター活動やイラストレーター活動をする場合、ペンネームを使っても違和感はありません。音楽にかかわる仕事もそうでしょう。本名も顔も出さずに本業として活動している人もたくさんいます。

ただし、プロフィール写真については、「人の気配」がする画像をおすすめします。風景や動物の写真などではなく、顔がわからない程度の角度や遠さの写真や似顔絵でもいいので、人の感じが伝わる画像を使いましょう。

・受けた仕事は確実に遂行しよう

クライアントの目に留まり、仕事を受注することができたら、全力で仕上げていきましょう。クライアントが満足する品質で納品できれば、評価は自然と増えていきます。報酬単価の高低は関係ありません。自分の持っているスキルをフルに使ってチャンスを活かしましょう。クライアントが満足するポイントは主に「指示通りの納品物になっているか」と「納期通りか」の２点です。

クライアント側には、クラウドワーカー向けの仕様書やマニュアルが用意されていることが多いです。「マニュアルを読むのが毎日の楽しみ！」なんて思っている人はほとんどいないでしょう。長いマニュアルの場合、「わからなくなったら目を通せばいいか」と思ってしまうこともあるでしょう。自分で購入した電化製品であればそれでも構いませんが、仕事として受けた場合はそれではいけません。クライアントの希望に沿う成果物を納品することが、満足度を上げる一番の近道だからです

・納期について

もう１つ大事な点が「納期」です。もちろんスケジュール通りに納品すればまったく問題ありません。しかしながら、なにかしらの都合で納期に間に合わないということも出てきます。納期遅れの相談をしづらい気持ちはわかりますが、連絡もせずに遅れたら信用を大きく落としてしまいます。

納期に間に合わない場合は……

「どう計算してみても、どうがんばっても間に合わない！」という場合、すぐにクライアントに連絡しましょう

「どう計算してみても、どうがんばっても間に合わない！」という場合、すぐにクライアントに連絡しましょう。「ギリギリまでがんばろう！」なんて思ってはいけません。連絡が遅れるほどクライアントに

迷惑がかかることを理解しましょう。少しでも早く連絡をすることで、対応策が見つかる場合もあります。ギリギリまで連絡しないほうが大きな損害につながることがあるので、お詫びと可能な納期、そして状況の説明を記載して連絡しましょう。

クライアント側も納期の余裕を持っている場合が多いので、悩んで余計な時間を浪費するぐらいであればすぐに連絡して、対処法を確認しましょう。コミュニケーションさえしっかり取れていれば、ちょっとしたミスやトラブルでも大目に見てくれることが多いです（ただし、クライアントの厚意に甘えすぎないようにしましょう）。

早さというアドバンテージは、信頼度を上げるには一番のパフォーマンスです。活躍しているクラウドワーカーは締切よりも早いタイミングで、そして70％ぐらいの完成度でクライアントに見てもらうことが多いです。

なぜ、70％の段階で出すかというと、クライアントの要望と期待値を確認するためです。自分の完成イメージとクライアントの完成イメージには誤差があります。自分では7割だと思っていても、クライアント側からしてみたら期待値の50％の場合もありますし、100％の仕上がりと思ってくれる場合もあります。完成形がイメージできているクライアントは少数です。プロトタイプを見て、初めて具体的な要望が出てくる場合もよくあります。

締切よりも早く提出すれば直す（調整する）ことも十分に可能です。スケジュールより早く出すというのはクライアントにとってもクラウドワーカーにとってもメリットしかありません。ぜひ試してみてください。

Point

たとえ納期が遅れても速やかに
連絡することで信用度はアップしていく

#03
リピート顧客、報酬単価アップを実現する「営業力」

「次につなげる」活動とは？

稼いでいるクラウドワーカーは、概してリピート率が高いです。一方、稼げていないクラウドワーカーは、継続案件がほとんどない、もしくは手間のわりに報酬が少ない継続案件に縛られていることが多いです。成果物の品質が低いのであれば当然かもしれませんが、質の高い成果物を納品し、締め切りも守り、レスポンスも早いにもかかわらず伸び悩んでいる人は、「次につなげる」ための活動が間違っている可能性があります。

「営業活動」を苦手に思わない

「次につながる活動」は「営業活動」と言ってもいいでしょう。とは言っても、ガツガツと売り込みをかけるという話ではありません。「いかにクライアントに信頼してもらうか、そのためになにをすべきか？」を考えるのが、クラウドワーカーにとっての営業活動です。

いい仕事をするのは当然のことですが、納品時に次につながるひと言を添える、自分の発信メディア（ブログやSNS）を使って情報発信をするなど、ちょっとしたことでもリピート率は変わります。

副業の場合、仕事を探している時間は報酬が発生しません。新規案件を探すことに時間が取られると、本来の仕事に使うはずの時間も減ります。営業活動をしていない、あるいはやり方が間違っていることによって継続案件を獲得できない状態は、いつまで経っても新規の仕事を探すのに時間がかかり、収入も増えないという悪循環に陥ってしまいます。

「営業」という言葉にネガティブなイメージを持っている人は多いと思います。営業というと強引に勧誘しなければいけない、初対面の家や会社に突然飛び込んで断られるという印象を持っている人も少なくないでしょう。たしかにそのような営業スタイルもありますが、クラウドソーシングでいう営業活動はまったく違います。

稼いでいるクラウドワーカーは、継続案件が多いという特徴があります。クライアントも、単発で常に新しいクラウドワーカーにお願いするより、気心が知れていて品質も安定していて、納期を守ってくれる人に継続してお願いしたいと考えています。

では継続依頼をもらうにはどうすればいいのでしょうか？

営業活動を苦手に思わない

次につなげるひと言を

リピートしてもらうためには成果物の質が高い・スムーズに取引できるといった部分は大前提です。そして、それにプラスして「次につなげるひと言」を加えておくことが大切です。

文例

〇〇さま

　この度はスムーズなお取引をしていただきありがとうございました。

　今月はまだゆとりがありますので、あと〇件程度の納品が可能です。また、来月以降もご希望であればあらかじめ教えていただけたら、枠を確保しておきます。

　よろしくお願いいたします。

このように、こちらからひと言添えるだけで、クライアントも安心して継続依頼ができるようになります。ぜひ、「次につなげるひと言」を使ってみてください。

価格交渉

営業を苦手と思っているクラウドワーカーほど、価格交渉をしていません。「交渉が苦手」もしくは「価格交渉をするという発想自体なかった」という状態です。ただ、単価交渉をする前に、押さえておくべきポイントがあります。

それはシンプルで、「クライアントと信頼関係が築けているかどうか」という1点です。クライアントがあなたの仕事内容に満足していない場合は、単価交渉をしても「では今回かぎりで終わりにしましょう」となるのが普通です。

クライアントに信頼されているかどうかを見極めるのは難しくありません。日頃のやり取りや、クラウドソーシングの評価コメントを見ればいいのです。メッセージやコメントで褒められている、喜んでもらっているのが伝わるなら、信頼関係が築けていると言っていいでしょう。たとえば、メールのやりとりで次のようなフレーズがあれば信頼されていると思っていいでしょう。

・継続的にお願いしたい
・期待以上
・非常に満足、とても満足

一方、コミュニケーションの中で感謝のフレーズが出てくることもなく、評価でも「またお願いします」のように定型文のようなコメントであれば、信頼関係が築けていない可能性が高いです。

交渉時には「希望金額」を伝える

単価交渉をする際に金額を指定せずに、「できれば報酬を上げてほしい」とだけ伝えるのは避けましょう。せっかくクライアントが了承してくれたとしても、先方の提示金額があなたの希望額と乖離があった場合、あなたは満足していないのにもかかわらずそれ以上の交渉はしにくくなります。具体的な希望金額を伝えた上で、交渉してみてください。

また、交渉時には価格と必ず「その価格にする根拠」もセットで伝えるようにしましょう。どうして報酬を上げてほしいのか、どうしてこの金額を希望するのかを伝えたほうが納得してもらいやすいからです。また、交渉の最後のほうに、「絶対にこの金額じゃないというわけではなく、○○さまのご都合もおありだと思うので、ぜひご相談させていただきたいです」というように、譲歩する姿勢を見せるのもいいでしょう。

なお価格設定についてはPart_3のChapter 1-02に掲載していますので、そちらの考え方の参考にしてください。

Point

次につなげるひと言を添えることで、継続的な受注につながる

#04
報酬が安くても受ける仕事、高くても避ける仕事

目先の報酬金額に釣られて失敗する人が多い

クラウドソーシングサービスに登録し、実際に仕事を受けてみるのが一番の勉強になるのですが、仕事の探し方にもコツがあります。とくに注意してほしいのが「金額だけで仕事を決めない」という点です。

クラウドソーシングがうまくいかない場合、受けるべき仕事、避けるべき仕事がわかっていないことが多いです。クラウドソーシングのプラットフォーム上には、星の数ほどの仕事が登録されています。その中から自分が受けるべき仕事を選ぶのは、経験が浅い人にとって悩みどころでしょう。仕事の経歴自体は長くスキルがある人でも、クラウドソーシングを使うのに慣れていないと仕事選びに失敗することがよくあります。

報酬単価は安くても、自分のスキルアップにつながったり、将来的に長くおつき合いできるクライアントが見つかったりします。相性がいいと感じたクライアントの仕事は継続して依頼してもらえるよう、可能なかぎり丁寧なコミュニケーションを心がけましょう。最初のうちは報酬額が少なくても、経験を積むにつれて報酬額の見直しをしてくれたり、新たな経験を与えてくれたりするクライアントは大切にしましょう。

逆に、報酬単価が高くても、その分、負荷が大きい、あるいは依頼内容がコロコロ変わる困った発注者も存在します。もちろん、仕事で

ある以上は報酬金額を気にするのは当然です。しかし、報酬金額だけを見ていると、失敗する確率が高くなります。

- **まとまった金額が支払われるが、実は作業量が多かった**
- **修正依頼が度を超えており消耗してしまった**
- **クライアントが不誠実で悪い評価をつけられた**

このように、目先の報酬金額に釣られて失敗したという人は数多くいます。これればかりはクラウドソーシングサービスに登録し、仕事を受けて、実際に失敗して学ぶことも多いのですが、事前に知識として知っておくといいでしょう。

トラブルを避けるためにチェックしておきたいポイント

余計なトラブルを避けるために仕事探しの際にチェックしておきたいポイントを紹介します。

・依頼内容がわかりにくい

依頼内容がわかりにくいのは、「自分にとって難しすぎる案件」、あるいは「クライアントの説明が下手」のどちらかです。

自分にとって難しすぎる案件は最初のうちは控えておいたほうがいいでしょう。

一方、説明が上手でないクライアントの場合は、こちらがいくら丁寧に質問をしても的を射ない答えしか返ってこないこともあります。このような状態はコミュニケーションコストが大きくなるため、避けたほうが無難です。

・プロフィールが雑

依頼を検討する際には、クライアントのプロフィールページも確認しましょう。個人・法人の概要が掲載されています。この自己紹介が雑でクライアントのキャラクターが見えてこない場合は、なるべく避けておいたほうが無難です。

また、実績や評価の件数もチェックしましょう。実績がゼロの場合は、クライアント側もクラウドソーシングの使い方に慣れていないことがあり、手続きが難航する可能性があります。評価については直近の取引だけではなく、過去のレビューもしっかり目を通して、トラブルがなかったかどうかを調べましょう。

人それぞれ、仕事を探すときの判断基準を持っているはずです。その基準が精度の高いものであれば、いい仕事を見つけやすいでしょう。逆に言えば、思うように仕事が増えないという人は、仕事を選ぶときの判断基準が間違っている可能性があります。

もし思ったような結果につながらない場合は、現在の判断基準を書き出してみて、１つひとつの項目を再検証してみましょう。

・自分の作業スピードを把握しよう

思うように収益が伸びないクラウドワーカーは、自分の作業スピードを把握していないため、適正な受注量になっていない可能性があります。もちろん、案件ごとにかかる時間は異なりますが、「こういう案件だと、これぐらい」「このジャンルだと、これぐらい」といった感覚がつかめるようになると、作業時間の見積もり（工数計算）が正確になり、かぎられた時間内で最適な受注を得ることが可能になります。

工数計算を見誤ると、受けられるはずだった仕事を見送ってしまうことはもちろんですが、思った以上に時間がかかって本業や睡眠時間に悪影響が出てしまうことも考えられます。副業に追われて本業が疎かになってしまったら本末転倒です。適切な時間見積もり力を身につけましょう。

Point

事前にトラブル事例を把握しておけば、避けるべき案件を判別できる

#05 クラウドソーシング以外で仕事を得る方法

クラウドソーシング以外から受注する３つの方法

スキル活用型副業の代表例としてクラウドソーシングを紹介しました。もちろん、クラウドソーシング以外にも仕事を受注することは可能です。

・ブログ、SNSから仕事を得る

ブログを使って役に立つ情報を発信し続けることで、その記事を見た人から仕事依頼の問い合わせが来ることもあります。

特定の分野の第一人者になること、あるいは検索順位が上位になることで、仕事の依頼は増えてくることでしょう。発信力を身につけておくことで、広告収入以外の収益源を生み出すことも可能になります。

・検索して応募してみる

クラウドソーシングの代表的な仕事の１つであるライターの募集をしているメディアはたくさんあります。「ライター 募集」でGoogle検索してみると出てくるので、その中から興味のあるところに応募してみるといいでしょう。

ウェブデザイナーであれば、「フリーランス　ウェブデザイナー　募集」でもいいでしょう。自分のスキルを必要としているクライアントを積極的に探し、問い合わせフォームから申し込んでみましょう。

・現実社会のつながりから仕事を得る

友達や知人、あるいは友達の紹介など、現実社会のコネクションから仕事を受けることも可能です。

これは私自身もびっくりした事例ですが、友人が経営する居酒屋で、お酒を飲みながら店主にホームページ集客の話をしていたら、隣に座っていたお客様から「自分の会社でホームページのリニューアルを考えているので、詳しく話を聞かせてほしい」と言われたこともあります。自分の持っている情報をすべて提供していると、どこからともなく仕事が生まれてくるのです。

・大事なのは「自分から情報を発信すること」

仕事はクラウドソーシング以外でも見つけることは十分可能ですが、待っているだけでは仕事は増えません。自分が何者なのか発信するのです。なにもしなければなにも起きませんが、ブログやSNSで自分の仕事について発信したり、友人との集まりで自分の仕事について話したりすることで、あなたの特徴を知ってもらえます。

直接契約のメリット、デメリット

クラウドソーシングを使わないということは、クライアントとの直接契約の仕事になります。これにはメリットもデメリットもあります。

メリットは、クラウドソーシングサービスの手数料が発生しない分、報酬額も大きくなるという点です。サービスによって違いますが、クライアントが払っている額から10〜20%のサービス利用手数料を引かれた金額があなたに支払われます。単純にその手数料分が上乗せされると思っていただければいいでしょう。

大きなデメリットは、トラブルがあった場合、自分の力で解決しなければならないという点です。

「納品したのに報酬が支払われない」「急にクライアントと連絡が取れなくなった」などの理由で報酬未払いが起こった場合、自分で根気強く連絡する、督促状を送る、場合によっては訴訟を起こすといった対応が必要になります。この点、クラウドソーシング経由であれば、クラウドソーシング会社が責任を持って報酬は支払われます。クラウドソーシングで支払う手数料はたしかにかかりますが、その分の保証（補償）もあります。

直接契約のメリット＆デメリット

メリット
手数料が発生しない分、
報酬額も大きくなる

デメリット
トラブルがあった場合、自分の力で
解決しなければならない

　クラウドソーシングについてより詳しく知りたい場合は、『頑張ってるのに稼げない現役Webライターが毎月20万円以上稼げるようになるための強化書』（著：吉見夏実　監修：染谷昌利／秀和システム）も合わせてお読みください。ウェブライターがテーマの書籍ですが、クラウドソーシングの活用法も解説しています。

Point

直接契約は利益率が高いが、気をつけるべきポイントも多い

#01 小規模で、自分の商品を売っていく

自分で商品を作って、自分で売れるスキルを持っている人が最強

オンラインショップの数は拡大の一途です。商品さえあれば、誰でも無料で今すぐインターネット上にショップを出店することも可能な環境になりました。

その競争が厳しい世界で生き残っていくためには「あなたのショップで購入しなければいけない理由を作り出し」「商品が持つメッセージを明確にお客様に伝え」「商品あるいはあなたのファンになってもらう」必要があります。安売りはショップ同士の競争と疲弊を生みます。

副業でオンラインショップを行なうからこそ、安売り大量販売ではなく、数は売れないかもしれませんが独自性（価値）の高い商品やサービスを提供し、末永く愛用していただける人を増やし、結果として利益率が高くなる商品を選択しましょう。

オンラインショップの最大の利点は、**小さなリスクで、日本全国、世界各国にあなたの商品を提供できる**ことです。弱点は値段の比較が容易という点と、お客様との接点が小さいという点です。利点を伸ばし、弱点を可能なかぎり減らすことで息の長いショップ運営が可能になります。

いきなり厳しいことを言いますが、今の世の中は二極化が進行して

います。ごく一部の売れる商品と、まったく売れない大多数の商品の二極化。人が集まる場所と、閑散としている場所の二極化。収益を上げられるオンラインショップと、赤字ですぐに撤退していくオンラインショップの二極化です。

さらに、インターネットの世界では無料化や低価格化が一般化しています。昔は高価だったものでも、現在では無料に等しくなっている商品やサービスが数多くあります。

たとえば、高価なカーナビゲーションシステムと同等の機能は無料のGoogle Mapで代用できます。カーナビを売るにはGoogle Mapにはない価値を提供しなければならない時代になっています。音楽はCDを買うのではなく、月額課金制のApple MusicやSpotifyに加入して聴くようになりました。このように、時代は大きく変わっています。大量の在庫を抱える高コスト体質では変化する時代に柔軟に対応できないのです。

実店舗でもオンラインショップでも、根底に流れる「ビジネスの原理」は一緒です。物が売れる仕組みもシンプルです。「オリジナリティの高い商品」を開発し、商品をほしがっている人を「集客」し、「購買の意味づけ」をすることで商品の購入につながります。

商品にはお客様の心に響く「メッセージ」が必要です。

収益を向上させるには、「購入単価を上げる」か「購入頻度を上げる」ことが重要になります。購入単価や頻度を上げるためには、お客様との信頼関係を構築し、「ファン」になってもらう必要があります。ブログやSNSでの集客経験やコミュニティ運営（※次のChapter 4で解説）の知識があれば、オンラインショップの運営も十分に可能なのです。

ブログの知識でオンラインショップ経営もできる

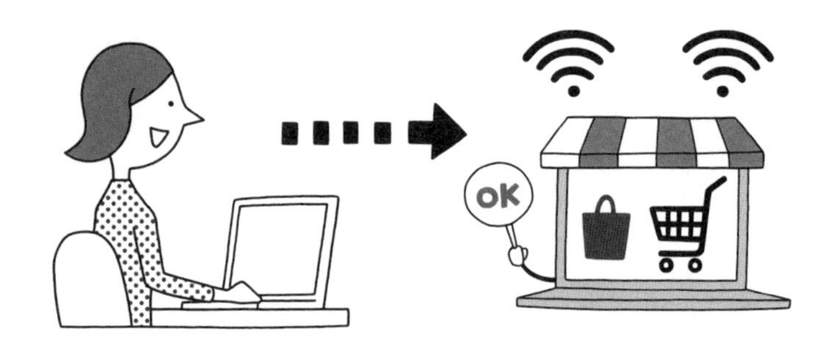

今の時代、提供されている商品やサービスの多くは、質が高いのは当たり前です。粗悪品を見つけ出すほうが難しいぐらいです。しかし、いくらいい製品を生み出しても、その情報がお客様に届いていなければ存在していないのと一緒です。お客様の気持ちを動かすなどの利便性を伝えるか、心が動くような物語性を付与するか、あなた自身がカリスマになるか、なにかしらの工夫が必要です。

私は、自分で商品を作って、自分で売れるスキルを持っている人が最強だと思っています。誰かの商品を仕入れる場合はどうしても原価率が高くなるのに対し、自分で商品やサービスを生み出すことで、利益率を極限まで上げられるからです。利益率が低いビジネスは体力的にも精神的にも疲弊しか生み出しません。副業を成立させるためには、効率化と資金の余裕は必須条件になります。

「負けなければいい」のがオンラインショップという考え方

オンラインショップは実店舗のような初期投資は必要としません。実店舗を構える場合は、敷金や礼金、家賃などの固定費や、内装費などの初期費用、そして仕入れ費用など、お店をはじめる前から多額の負債を抱えなければいけません。

オンラインショップでかかる初期費用は、ショップのホームページを作成する代金とそのホームページを置いておくサーバー、ドメイン代程度です。受注販売であれば注文後に商品を仕入れたり作ったりすればいいので、場合によっては仕入れリスクすら発生しません。現在では初期費用や月額利用料が無料で使える「BASE」や「STORES」といったオンラインショッププラットフォームもあります。コストがかかるのは決済手数料やオプション機能を利用した場合のみなので、低コストでの運用が可能です。浮いた予算を集客や商品開発に活用しましょう。

BASE
https://thebase.in/

STORES.jp
https://stores.jp/

ハンドメイド商品に特化したショッピングプレイス

アクセサリーなどの自分の作品を販売する場合、商品をほしがるお客様が集まる場所に出店することも効果的です。minneやCreemaといったデザイナーやクリエイターの手作り商品が集まるショッピングプレイスには、ハンドメイド商品を好むお客様が常にクリエイターの新しい商品を待っています。

minne
https://minne.com/

Creema
https://www.creema.jp/

オンラインショップという業態は非常にリスクが小さい上に、実店舗と違って商圏に制限はありません。決済や発送、言語の問題はあるにせよ、世界中のお客様と取引することだって可能なのです。だからこそユニークな商品が適しています。多少ニッチであろうと、商圏に制限がなければそのユニークさに共感してくれるお客様は必ず存在します。あるいはあなたのキャラクターに共感してくれるお客様もいるでしょう。

マーケットシェアや売上規模は関係ありません。圧倒的な勝ちを求める必要もありません。シェアの奪い合いではなく、商品を必要としているお客様に的確にメッセージを届ける。それを淡々と続けていくだけです。売上規模が大きくなると、同じ比率でリスクも大きくなります。資金が尽きることがオンラインショップとしての負けなのであれば、1回で再起不能になるような大勝負などせずに、負けないこと（資金が尽きないこと）を意識して運営していくことこそ、長く生き残っていく秘訣です。

巨大モール（楽天・Amazon・Yahoo!ショッピング）のメリットとデメリット

可能なかぎり自社で管理できるオンラインショップを運営することをおすすめしますが、大手企業が運営するショッピングモールに出店することを否定しているわけではありません。巨大なショッピングモールに出店することのメリットとデメリットについて解説します。

メリット

・すでにオンラインショップのインフラとして、技術的にもサービス的にも整っているので自社としてのホームページを作る必要がない
・有名企業が運営しているという安心感（楽天、Amazon、Yahoo! ブランド）による購入促進が見込める
・決済やポイント管理などもモール特有のサービスを利用可能
・モール自体の知名度が高く、モールのトップページへの集客力は個人のオンラインショップの比ではない。そのため、うまく上位にランキングされれば集客に困らない
・モールでしか買わないユーザーも一定数存在する
・ポイントキャンペーン、メールキャンペーン、広告枠などのプランがあるので、モールのプランを利用することだけで販売促進が可能

デメリット

・金額勝負なので、発送コストの工夫（送料込みの場合）や、見せ方の工夫が必要
・店の名前を憶えてもらえない
・「あえて、この店で買う」理由づけが薄くなる
・結果としてコミュニティ化しづらい
・初期費用、および月額費用がかかる場合が多い

巨大モールで買い物をする人たちの最大のメリットは、同じ商品を価格で並び替えができるという点です。とくに生活用品や消耗品は価格で並び替えて、一番安いお店から買っていきます。同じような機能を持っている商品も比較対象となるため、出店側から考えるとモールに出店しているショップ同士での価格・体力勝負になりやすいプラッ

トフォームになっています。

小規模ショップならばユニークな商品がおすすめ

副業でチャレンジする範囲ですから、最初は小さなオンラインショップで、商品展開も絞って開始することをおすすめします。品ぞろえも大体1つから2つ、多くても5種類ぐらいの商品からスタートすることになるでしょう。

そのような小さなオンラインショップにおすすめしたいのは、ユニークでニッチなユーザーに好まれるような商品です。イメージとしては、街に1人か2人ぐらいしか興味がないような商品やサービスがいいでしょう。「そんなマニアックな商品で生き残っていけるの？」と思うかもしれませんが、ニッチであればあるほどライバルは少なく、その商品を求めているコアな層に独占的に届けることができます。

事例を1つ紹介します。

名古屋に「博多もつ鍋屋」(https://hakatamotunabeya.com/) というお店があります。このもつ鍋屋は1日1組限定の飲食店のため、予約を取るのが非常に困難です。このお店の創業者はとにかくもつ鍋が好きで、いろいろなお店を食べ歩いてもなかなか自分の理想のもつ鍋に出合えなかったので、長年の研究の末、自分自身で理想のもつ鍋を作ってしまったという秘話があります。

実は、創業当初は通販で「博多もつ鍋」という、たった1つの商品を売っていました。10年間、もつ鍋を売り続け、満を持して実店舗を出店しました。

もつ鍋という商品自体は一般的ですが、これだけのこだわりやストーリーがあったら食べてみたいと思いませんか。このお店のもつ鍋は商品自体の品質も非常に高いですが、やはり創業者の想いを上手に広報しているのでお客様の心に響くのです。

逆に、もし最初から多数の商品を展開するような運営を考えているのであれば、いったん考え直してください。とくに、ごく一般的などこでも買える商品を取り扱うのは、値段だけの勝負となり、体力の大きいショップしか生き残れません。

いくら商品数が多くても、売れなければ単なる在庫です。下手をしたら倉庫代だけでも大きな負担になってしまいます。このあたりをよく考えながら、取り扱う商品のジャンルを決めていきましょう。

お店のファンにもなってもらう

Point

ニッチであるほどライバルが少なく、コアな層に届けることができる

#02 ショップや商品の独自性の生み出し方

独自性を出すための3つの法則

「独自性が必要」と言われると、自分にそんな商品を考えるのは無理だと思いがちです。しかし、安心してください、人はみんななにかしらユニークさのある生活しています。自分では気づかなくても、他人から見たら十分個性的なものを必ず持っているのです。

この項では、ユニークさを見つけ出していく方法、そしてそのユニークなアイデアをお客様に提示するための考え方などを解説します。

まず大きく分けて3つの段階があります。

① なぜあなたが、なんのために行なうのか（ショップや商品のコンセプトを決める）
② そのコンセプトは誰にとって得なのか（お客様の立場を想像）
③ そのためになにができるのか（商品・サービスの紹介）

上記の3点をお客様に「明確」に伝えることこそが、オンラインショップを成功に導く近道になります。では1つひとつ解説していきましょう。

① なぜあなたが、なんのために行なうのか（ショップや商品のコンセプトを決める）

これは「ショップの理念」と置き換えてもいいかもしれません。

なんとなくはじめたオンラインショップや、なんとなく売っている商品に魅力を感じたりしないですよね。独自性は、ここで活用する必要があります。徹底的に考え抜き、自分の理念（商品のコンセプト）を抽出し文章に落としこんでみる。文章も1回で完成することはありません。余計な内容は削り、足りない部分は補足し、お客様に共感してもらえるような理念を作り出しましょう。その理念はあなたの道標にもなります。

② そのコンセプトは誰にとって得なのか（お客様の立場を想像）

次に行なうことは、「あなたの作り出した理念が独りよがりになっていないかどうか」の確認です。

ユニークというと誤解されることが多いのですが、ユニークとは「独特」や「唯一」なことで、決して「変」なことではありません。だからこそ、「自分は人と比べて変なことはないから無理だ」と思う必要はないのです。今、あなたがいる（商品がある）時点で十分ユニークな存在なので、中に含まれるユニークな成分を抽出すればいいだけです。

「変」という方向に意識を向けてしまうと、なにか変わったことや表現をしなければいけないという思いに囚われがちです。しかしながら「変」なことというのは他人から受け入れられない場合のほうが多いです。「変わった商品」は話題にはなるかもしれませんが、共感を生むことはありません。場合によっては炎上につながるかもしれません。

オンラインショップはお客様に共感を持ってもらい、ファンになってもらうことが最大の目標です。話題だけでは商品は売れないのです。だからこそ、自分の生み出した理念が単なるイロモノになっていないかどうかをまわりの友人に聞いてみたり、実際に街に出てリサーチをしたりしてすり合わせをする必要があります。

魅力的な理念であれば、必ず共感してくれる人が生まれます。誰からも共感を得られない時点で、あなたの掲げたメッセージの方向性が間違えている可能性が高いので、その場合はまた最初に戻って考え直してみましょう。

③ そのためになにができるのか（商品・サービスの紹介）

最後に考えるポイントは、「この商品・サービスによってお客様に対しなにが提供できるのか」を考えることです。

「自分の掲げる理念はこれで、お客様にこうなってほしいと思った結果、この商品が生まれた」という紹介文は、お客様の心に響きます。「どこよりも安い」とか「当社比130%アップ」などという定量的なキャッチフレーズではなく、しっかりと練られた読んだ人の心を動かすキャッチフレーズこそが小さなオンラインショップではなによりも大切な要素になります。

また、近年のトレンドとして直接的なメリット（この商品を使うことにより、こんな効果がある）よりも、お客様自身の変化を促すことを訴求した文章（この商品を使うことであなたの機能が改善し、自分の力で○○できるようになる）のほうが、効果が出やすい傾向があります。

もしショップの運営が軌道に乗ってきたら、直接的な商品アピールだけでなく、お客様の成長にフォーカスしたセールスコピーも考えてみましょう。

「ここでしか買えない商品」は比較検討されない

「比較検討」を避ける。これは独自性の高い商品をおすすめする理由のすべてと言っていいでしょう。要はあなたのショップでしか買えない商品であれば、お客様は悩むことなく商品を買うのです。いわゆるブルー・オーシャンという言葉で表現されますが、ライバルがまったく存在しない世界で生き残っていけるのです。価格勝負にならないというのはそれだけで大きなメリットです。

そのためには、あなたの強みや得意なことを反映できる商品作り（選び）が重要になります。「好き」「得意」「詳しい」というのは絶対的な優位点になります。マーケットは小さくていいのです。巨大マーケットで受け入れられる独創性の高い商品はほとんどありません。もしあったとしても、利益が出そうと気づいた大企業がすぐに参入してきます。そうなると、レッドオーシャンの中での体力勝負になります。それを避けるためには多少ニッチなぐらいの比較的小さめなマーケットで圧倒的トップの位置を早期に押さえてしまう必要があります。

お客様に、商品だけでなくお店そのもののファンになってもらう。これこそが他店との比較検討を避ける唯一の手段なのです。

自社開発商品でなければ、あなた自身の独自性を磨き上げる

すべて自社の理念のもとで開発された商品であれば差別化もしやすいのですが、他のオンラインショップや実店舗と同じ既存の商品を取り扱う場面も多いと思います。そのようなときはどうしたらいいのでしょうか。

最初に思いつくのは価格です。たしかに他店よりも安くすればその商品は売れるでしょう。しかし、先ほどから言っている通り価格での勝負はおすすめできません。なぜなら、あなたが値段を下げれば他店もそれに負けじと値段を下げてきます。結果としてショップの体力勝負になり、両者とも疲弊して終わってしまうからです。そんなことをしていたら、長い期間オンラインショップを運営することはできません。

重要なポイントは、「なぜあなたがその商品を取り扱っているのか」という、人やお店の価値を明示することです。「なぜ、あなたのショップでこの商品を売っているのか（商品へのこだわり）」「あなたのお店で商品を買うメリットはなにか（他店との差別化）」を明確にすることで、あなたのお店で買う理由づけをすることができます。

フィードバックや感想(お客様の声)を可能なかぎり集めておく

商品を売るにあたり商品自体の性能や効用はもちろんですが、もっと重要な要素があります。それは実際にあなたの商品を使ってくれた「お客様の声」です。商品の販売ページに商品の良い点が書かれているのは当たり前で、購入を検討しているお客様もそのセールスコピーをすべて信用するわけではありません。

しかし、購入者の声は違います。第三者が実際にお金を出して商品を買った後の感想は、商品を買おうかどうか迷っているお客様の心情にしっかりと引っかかります。いい感想が多ければお客様の背中を押す手助けをしてくれますし、悪い感想が多ければ買わずに立ち去ってしまうでしょう。Amazonや楽天市場などの巨大ショッピングモールでも商品ページにレビューを載せているのはこのためです。

商品を購入してくれたお客様の感想を可能なかぎり集めましょう。最初のうちは感想を送ってくれた(書いてくれた)お客様にはなにかプレゼントするぐらいのコストをかけても構いません。ネット上でレビューを書いてもらうのももちろん重要ですが、発送した商品の中にアンケートハガキを入れておいて、手書きで返送してもらえたらさらに効果的です(お客様の承諾の下、ハガキそのものを販促に使うことも可能に)。

面白いオンラインショップの事例

ここで、2つほど面白い事例をご紹介します。世界観とアイデアさえあれば高い利益率でも勝負ができるという好例です。

ビーズキット・作家アクセサリーキット通販「ビーズマニア」
https://www.beadsmania.com/

ビーズキットを販売しているオンラインショップです。このショップの大きな特徴は、「完成品を販売しているわけではない」という点です。

販売している商品は、アクセサリーなどを作成するためのビーズと作り方が書いてあるレシピ図が入っている材料セットです。購入者にビーズキットの世界観を伝え、手作りしてもらう楽しさを売っているのです。原価はビーズ代金と紙1枚です。手芸店でビーズを買ったことがある人だったら、どれだけの利益率になるのか想像できると思いますが、かなりの利益率だというのが想像できます。

実はレシピ図も無料公開されています。それなのになぜ高いお金を出して買うのかと言うと、作品製作のためのビーズをそろえるのが面倒だからです。ビーズは2〜3個では売っておらず、自分でそろえようとすると使わないビーズがあふれかえるわけです。それを必要な量だけ小分けにして商品にしているところに価値が生まれているわけです。

「Etsy」誰にでもぴったりなハンドメイド、ビンテージ、オーダーメイドのユニークな商品をお買い物しましょう
https://www.etsy.com/jp/

上記URLの通販サイトの検索バーに「sand beach art」と入力して、商品検索してみてください。驚くような商品が展開されています。

まさにサンドビーチアート。砂浜に文字を書いて写真を撮っているだけの商品が数千円で販売されているのです。結婚式など、イベントで使うお客様が多いそうですが、原価は0円、なおかつ受注販売。家の近くに美しいビーチがあるだけでビジネスが展開できるわけです。

1つの際立ったアイデアさえあれば、ほぼノーリスクでビジネスを展開できる好例です。

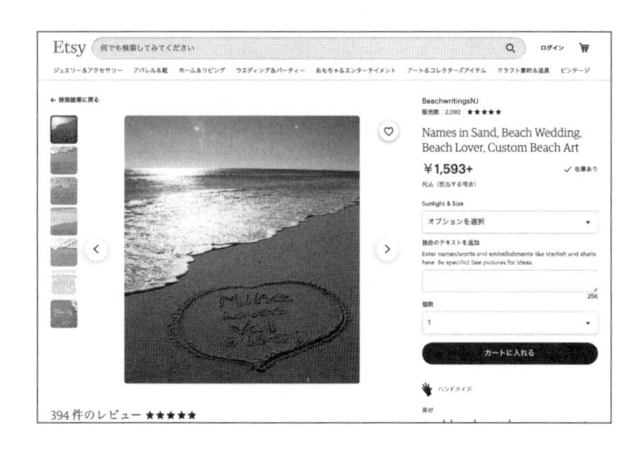

なお、Part_1のChapter 2-03で紹介したドリップのように、クラウドファンディングの仕組みを使って実質オンラインショップ運営をしているところもあります。共感者を集め、PRは自分たちの力だけでなく共感者の情報シェアにも助けてもらい、支援数だけ生産する受注販売になるので在庫の心配がありません。クラウドファンディングの仕組みを使っているオンラインショップもよく見かけますので、ぜひさまざまなプロジェクトを調べてみてください。

また、自分のオンラインショップ内にYouTubeを入れて、オンライン講座の配信をすることも可能です。ぜひ、スキルとツールをかけ合わせて、複合的に発信してみてください。

Point

強みや得意なことを反映できる商品作り（選び）が重要

#01 コミュニティは副業のための「場作り」

コミュニティという場の構築や維持の仕方までのプロセス

変動の時代をビジネス的にも私生活的にも楽しく生きていくためには、自分を中心としたコミュニティを作っておくことが重要です。

とはいえ、ただ漠然と「コミュニティを作る」と言われても、完成形や手順がイメージできていなければ、上手にコミュニティを作り出して運営していくことはできません。

このChapterではコミュニティという場の構築や維持の仕方までのプロセスを解説します。

そもそもコミュニティとは、人々が共同体意識を持って共同生活を営む一定の地域、およびその人々の集団、地域社会、共同体を指します。現実社会ではAKB48を代表とするアイドルグループのファンクラブ、Jリーグサポーター、草野球チーム、子育てサークル、PTAなどが該当します。

インターネット業界で言うと、古くはmixiやメルマガ読者、近年ではオンラインサロンやnote、NewsPicksなどもコミュニティの一種です。

コミュニティの重要性について

　これからの世の中、成功しやすいジャンルのビジネスとそれ以外（成功するのが大変なジャンル）のビジネスがあります。まず成功しやすいジャンルの１つとして「プラットフォーム型」があります。
　プラットフォームというと鉄道や飛行機などの移動手段や、電力、通信回線などのインフラ業界を想像されると思いますが、世の中には数多くのプラットフォームが隠れています。

プラットフォーム型ビジネスモデル

・**Apple**……iPhone は携帯型デバイス、Mac はパソコン、iTunes は音楽のプラットフォーム
・**インテル**……パソコンの CPU のチップ提供としてのプラットフォーム
・**Google**……検索エンジンというプラットフォーム
・**楽天**……ネットショップ運用のプラットフォーム
・**Facebook**……個人情報のプラットフォーム
・**Amazon**……通信販売のプラットフォーム
・**クックパッド**……料理レシピのプラットフォーム
・**DMM オンラインサロン**……オンラインサロンのプラットフォーム

　代表的なものをいくつか挙げると、まずiTunesです。これはAppleが運営している音楽配信のプラットフォームです。Googleは検索のプラットフォームになっています。
　パソコン自体もプラットフォームではありますが、さらに突き詰めるとCPUで使われているチップを提供しているインテルや、OSを提供しているマイクロソフトがプラットフォームになります。
　楽天市場やAmazon、アフィリエイトサービスを提供しているA8.net

やバリューコマース等のアフィリエイトサービスプロバイダ（ASP）もプラットフォームに位置づけられます。
DMMオンラインサロンはまさにオンラインサロンのプラットフォームになっています。

このように「サービスの場」を提供することによって、手数料収益を上げていくモデルは今後も発展するでしょう。ただし、このような大規模なモデルをすべての人が構築できるわけではありません。
プラットフォームモデルで成功を収めている会社を見ればわかりますが、世界トップクラスの天才が集まって、恐ろしい集中力でハードワークし、軌道に乗ったら資金調達し、多額の投資をして事業を回しています。そして挑戦して成功するのはひと握りのかぎられた人になります。ですから、私のように平々凡々とした人はこれから説明するコミュニティモデルを目指すことをおすすめします。

コミュニティ型ビジネスモデル

- **Apple**……iPhoneやMacbookなど、生活を豊かにするための商品を顧客に提示し、その理念に共感・参加してくれるお客様でコミュニティを形成している。
- **AKB48**……推しメン制度や総選挙など、ファンと一緒になって成長していくアイドル。アイドル本人とファンが同じ方向を向き、一緒の未来に向けて歩んでいる。完成品ではないが日々成長しているのでファンが応援し、そしてCDが売れる。
- **クラシックカー専門店**……求める人は決して多くないが、そのお店でしか入手できない車種があれば必ずそのお店で購入する。そして店内には同じ趣味を持つ仲間がいて、その場にいること自体が楽しみになっていく。クラシックカーなのでトラブルも多いが、修理に持っていくことでさらにお店に対する愛着が増していく。
- **釣具店**……海釣り大会や川釣り大会を企画し勝敗を競うイベ

ントを実施する。あるいはルアーの自作教室や釣れるポイントの勉強会などを定期的に実施し、単なるお客から仲間になってもらうような働きかけを行なう。

・**オンラインサロン**……主宰者の理念に共感したり、参加することによるメリットを享受したりする「場」を提供している。

Appleは、先ほどiTunesをプラットフォームのモデルと評しましたが、実はコミュニティモデルも備えているという稀有なパターンです。こうしたサービスを備えているからこそ、時価総額世界No.1なのです。iPhoneやMacbookを一度でも購入したことのある人は、不思議とApple製品を使い続けます。新しいiPhoneが発売されたら、みんな買うのです。

このロイヤルティの高さは、ライフスタイルを豊かにするというAppleの理念に強力に共感しているからです。一昔前はSONY信者という表現もありましたが、それも当時は上手にコミュニティ化していたのだと思います。残念ながら今の時代にSONY信者が著しく減ってしまったのは、このコミュニティ維持に失敗した（あるいは重要視しなかった）結果だと思います。

ちなみに、私はWindows派で、この書籍の原稿もWindowsのパソコンで書いているのですが、とくにどの機種がいいというような思い入れはありません。VAIOでもいいですし、LenovoでもDellでもメーカーはどこでも構いません。求めるスペックとデザイン、そして価格のバランスで選択しています。Appleとの違い、わかりますか？

自分を中心としたコミュニティを作る意味

自分の得意な場をベースにした強固なコミュニティを構築することにより、好景気・不景気関係ない強いビジネスモデルを作り出すことができます。

能力と資本と自信があるのであればプラットフォームを目指すのも

悪くないですが、ビジネスをはじめたばかりの人のほとんどは潤沢な資金があるわけではありません。ですから、最初はコミュニティをしっかりと構築し、あなたのコミュニティ内の仲間に支持してもらえる状態を目指しましょう。

Part_1でも書きましたが、ここで言う「コミュニティ」とは、自分を中心（リーダー）としたグループを意味します。

私はブログ運営やネットマーケティング、出版などに関しては専門知識を有していますが、デザインが必要な場合は他の人がリーダーのコミュニティにメンバーとして参加します。私が必要とするスキルを持っている人は、それだけで（僕にとっては）リーダーとなる資質があるわけです。

なお、ここで言うメンバーとはリーダーの理念に共感した、学びたい、仲良くなりたい、理由はなんでも構いませんが、１つの目標に向かって一緒に歩いている「仲間」と認識していただければと思います。

コミュニティを構築するメリット

結論から先に言うと「損失を出すリスクと機会損失するリスクをほぼゼロにできる」という点が、コミュニティ構築の最大のメリットです。「なんだそれ？」と思う人も多いと思うので、具体例を交えて解説します。

たとえば株式投資。

まず、株を買うという行為には必ず**損失リスク**が発生します。確かに市場調査や企業調査を行なうことでリスクを極限まで下げることは可能です。しかしながら、市場は生き物です。株を買った時点で、価格の下落リスクは必ず発生するわけです。

逆に、株価チャートをただ見ているだけだったら行動は伴いません。価格下落による損失リスクはゼロです。ただし、株価が上昇した際に発生する利益を逃している可能性はあります。これが**機会損失リスク**です。

たとえば新商品の開発。

株式投資と同様に、トレンドや想定顧客の嗜好、ライバル商品の動向などの市場調査を行なうことでリスクを極限まで下げることは可能です。しかしながら、商品は実際に販売してみないと結果はわかりません。売れれば儲かりますが、売れなければ商品開発費や人件費などの経費を回収することもできません。つまり、**損失リスク**です。

一方、新商品など開発しなければなにも変わらず、ぬるま湯に浸かったままの大企業病生活が続きます。ただし、新商品を開発することによって得られたかもしれない収益や技術力は失われます。これが**機会損失リスク**です。おそらくこのような事なかれ企業は競争に破れて大きな損失を生み、将来的に淘汰されることになるでしょう。

動けば損失リスクは必ず発生し、動かなければ機会損失リスクが必ず発生します。一般的なビジネスはこのリスクバランスを落ち着かせるためにマーケティングという名の市場調査をするわけです。

とはいえ、従来のマーケティングメソッドでは、この2つのリスク回避を同時に行なうことは不可能でした。しかし、強固なコミュニティを構築してさえいれば、この両方のリスクを同時に回避することができるのです。

なぜ村上春樹さんや小野不由美さんの書籍はベストセラーになるのか。もちろん内容自体が面白いということもありますが、ファンという目に見えないコミュニティがしっかりしているからです。

Appleはどうでしょうか。テスラは？　Airbnbは？　あの人気セミナー講師は？　YouTuberはどうでしょうか？

Part_1のChapter 2-03で紹介したドリップのクラウドファンディングは、まだ作ってすらいない10本セット5800円のハンガーがコミュニティのメンバーに1500万円近く売れるのです。イコール、在庫を抱えるリスクなしにビジネスを展開できるわけです。

コミュニティ内のリーダーとメンバーの関係は、売り手と買い手ではありません。同じ方向に向かって一緒に歩む仲間です。リーダーが理念を語り、1つ上のステージに行くために、より豊かな生活を楽しむために必要な情報（商品）を提供することで、みんなで成長できて、なおかつ居心地がいい「場」を生み出すことができます。

一緒に成長するために必要なもの（商品）を提示するだけで、共感してくれるメンバーは買ってくれます。課金ポイントをどこに設定するかだけの話です。もちろん無料で情報提供するだけでも構いません。その場が居心地良ければ仲間は残りますし、悪ければ去っていくだけの話です。

なにが売れるか、支持されるかわからないこの時代に、理念に共感してくれるメンバーに支えられることで、リスクが極限まで下がるというのは大きな優位性です。

ここ数年、ますます市民権を得て、一般社会に溶け込んできた「オンラインサロン」についての問い合わせも増えてきました。

芸能人でも有名人でもない私が、「ギガ盛りブログ飯」という月額6000円という決して安くない会費で、100人前後のオンラインサロンを3年以上運営し続けられるのはなぜか。その知識と経験を隠すことなく公開します。

著者が運営しているオンラインサロン「ギガ盛りブログ飯」
https://lounge.dmm.com/detail/461/

Point

コミュニティ内ではみんな同じ方向に向かって一緒に歩む仲間

#02 いいコミュニティを構築するためには？

コミュニティを構築するための4つのステップ

いいコミュニティを構築するためには段階が必要です。私は4つの段階を推奨しているので、その段階に沿って詳しく手順を紹介していきます。

ステップ① 自分のコミュニティの理念や目指す場所を明示する

コミュニティを作るにあたって最初に行なうべきは、自分のコミュニティのメッセージをわかりやすく明確に提示することです。提示したメッセージが明確であればあるほど、共感してくれる仲間が集まります。

ここで言うメッセージとは「参加者に対して、自分だけが約束できる価値の提案」を指します。「提供できる得意分野や独自性」と言い換えてもいいでしょう。ライバルが真似できない、あなただけの価値を提案することができればライバルの動向を恐れる必要がなくなります。

テーマが競合してしまうのであれば、購入後のフォローやサポートを充実させるなどのサービスで差別化を図るという考え方もあります。「なぜ、あなたのコミュニティに参加することが最善なのか？」を訴えていくことができれば、読者の参加意欲を高めることができます。

ステップ② あなたの提唱するメッセージに共感してくれた人にコミュニティ参加を促す

ブログやSNS、イベントなどで、あなたのメッセージを世界に向けて発信しましょう。

最初から共感してくれる仲間が現れるわけではありません。コンテンツ（実現させたい世界観や、経験に基づくノウハウなどの開示）を充実させたり、イベントを開催したりして、あなたのことを知ってもらうための窓口を広げましょう。知り合いに友人を紹介してもらうこともいいでしょう。

このステップ②については、とにかくあなたのメッセージが届くまでがんばれとしか言えないのですが、ブログやSNSを毎日更新したり、さまざまなイベントに足を運んで交流を図ったりすることで、あなたのメッセージに共感してくれる人に出会うことができます。1人が2人、2人が4人、4人が8人と、少しずつで構わないので、一緒に歩んでくれる仲間を増やしていきましょう。

ステップ③ メンバーにとって居心地のいい場を提供し続ける

定期的なフォローを行なうことでメンバーの満足度を向上させることができます。ひと昔前であればメールマガジンが有効でしたが、現在はFacebookグループなどを活用したオンラインサロンでもいいですし、LINE公式アカウントなどのコミュニケーションツールを使ってもいいでしょう。

フォローとは言っても単なる挨拶や現状報告ではなく、意味のある情報提供を心がけなければいけません。マーケティングを取り扱うコミュニティであれば、マーケティングに関連する情報を載せる必要があります。美容のコミュニティであれば、季節ごとの肌のお手入れ方法を載せてあげる必要があります。

さらに参加してもらったメンバーに対して、困ったことはないかと問いかける気遣いも忘れてはいけません。コミュニティに入ってくれたメンバーは、ブログの読者と比べて一段高いロイヤルティを持っているわけなので、参加者限定イベントなど特別感のある提案も行ないましょう。

あなたのコミュニティの居心地が良ければ、自分が成長しているという実感があれば、メンバーはずっと滞在してくれるのです。

ステップ④ お金を使ってもらうポイントを作成し、サービスを継続する基盤を固める

メンバーとあなたとの関係性が強固になったら、新しい商品やサービスを紹介しはじめてもいいでしょう。ワンランク上のサービスや、個人にカスタマイズされた専門的な勉強会など、メンバーが興味を抱く提案を適度に行なうことで売上を伸ばすことができます。

コミュニティを上手に運営するポイントは、最初から収益を求め過ぎないことに尽きます。あなたの持っている価値をあなたの理念に共感してくれる仲間に全力で提供することで、仲間の未来がより良くなる。その結果として、仲間はあなたのことをさらに信頼してついてきてくれるのです。

信頼関係が生まれる前に、十分な価値が提供できていないうちに収益を求めすぎると、仲間は見かぎって離れていってしまいます。幸いにもオンラインサロンなどインターネットを活用したコミュニティ運営は、かかるコストが著しく低いため、収益の最大化は急がなくても問題ありません。じっくりと仲間に楽しんでもらえる「場」を生み出すことに注力しましょう。信頼関係が結ばれていれば、喜んでお金を払ってくれます。

「仲間からお金を取るのは難しい、あってはならないことだ」と思う人もいるかもしれません。それは大きな間違いです。ある程度の資金がなければコミュニティを維持することはできません。過度な搾取は問題ですが、適正な利益を得ることはビジネスを継続させていくために必要な行為です。

お金を発生させるタイミングは大きく分けて2つ、課金の種類はひ

とまず6つあります。

お金を発生させる2つのタイミングは、「場に入るための参加費」と「必要に応じて発生するサポート代金」です。テーマパークを頭に思い浮かべてください。東京ディズニーリゾートの中に、ユニバーサル・スタジオ・ジャパンの中に入るためには入場券が必要です。これが参加費です。そして入園後、レストランで食事をしたり、グッズを買ったりするのがサポート代金です。

コミュニティで言い換えると、参加費は月会費、サポート代金はイベントごとの費用ととらえてもいいでしょう。

課金方法は次の6通りになります。

6種類の課金方法

・サブスクリプション（定額課金）
・セミナー・イベント（単発課金）
・コンサルティング／セッション（単発課金）
・グッズ販売（単発課金）
・ツアー・合宿（単発課金）
・広告・スポンサー（定額・単発課金）

定額課金とスポンサー費は月会費、それ以外はサポート代金に分類されます。

Point

最初から収益を求め過ぎないこと

#03 オンラインサロンの分類

オンラインサロンにはいろいろな形態がある

ここではオンラインサロンの分類をしながら、全体像を紹介していきます。あくまでもこれは私が考えた分類なので、他にも分類方法がある、そのサロンはそこのカテゴリではないというご意見はあるかと思いますが、わかりやすく解説するためにこの分類にしています。

運営スタイル

① スクール型

1つ目がスクール型です。主宰者がいろいろなノウハウを提供するスタイルで、おそらく多くのオンラインサロンがこの型に位置すると思います。私の運営するオンラインサロンはこのポジションです。

元・任天堂のデザイナー前田高志さん主宰のオンラインサロン「前田デザイン室」はプロジェクト型サロンですが、スクール要素もあります。本書の最後にインタビューで紹介する澤円さん主宰のオンラインサロン「自分コンテンツ化プロジェクトルーム」も、ここに位置するイメージです。

前田デザイン室
https://community.camp-fire.jp/projects/view/66627

自分コンテンツ化プロジェクトルーム
https://lounge.dmm.com/detail/1749/

スクール型をさらに分類すると、次の２つに分けられます。

a. 先生型
b. 先輩型(伴走型)

先生型は強いリーダーシップでみんなを引っ張っていくスタイル、先輩型は一緒になって目標へ進んでいくスタイルです。

個人的には先輩型が私の好みでもあり、おすすめです。先生型だとサロンメンバーが話しかけづらい、交流しづらい雰囲気が出てしまうのと、リーダーとして責任を負いすぎてプレッシャーが強くなってし

先生型と先輩型

強いリーダシップで
みんなを引っ張る「先生型」

後ろからそっと背中を
押してくれる「先輩型」

まいがちです。カリスマ性のあるスーパーリーダーだったらそれでもいいですが、私のような凡人主宰者はそんな生活耐えられません。

それよりも、半歩前を歩く物知りな先輩、後ろからそっと背中を押してくれる先輩のほうが相談しやすいですし、自分も楽しく過ごせると思いませんか。長期間、コミュニティを運営するのであれば、リーダー・メンバーの余計な負担を減らしておくことも重要です。

② メールマガジン型

スクール型にも似ていますが、（ほぼ）毎日のコンテンツ投稿によって成立する運営スタイルです。

「西野亮廣エンタメ研究所」はこのポジションです。毎日のようにコンテンツを投稿し続けるというのは、実際にやってみるとわかりますが、本当に大変なことで、すごいバイタリティとネタの豊富さが求められます。

西野亮廣エンタメ研究所
https://salon.otogimachi.jp/salons/view/

---

③ ファンクラブ型

その名の通り、アーティストのファンクラブと同様のスタイルで、活動を応援する参加者を集め、イベント優待などを行なう形です。

アーティストの清春さんが2021年７月10日までの１年間限定で、ファンとの交流を図るオンラインサロンを開設しています。

Empathy kiyoharu online salon
https://lounge.dmm.com/detail/2652/

---

④体験・参加型

最後に体験・参加型です。プロジェクトをメンバーと一緒に組み立て、経験を積んでもらうスタイルです。
「西野亮廣エンタメ研究所」や「前田デザイン室」などもこのスタイルを有しています。人気のあるオンラインサロンは複数の型を同時に満たしているのが特徴的です。

価格帯

① 低額・多人数型

月会費を安く（入会ハードルを低く）して、多くのメンバーを抱える運営スタイルです。会費は月額1000円から、高くても3000円程度。「西野亮廣エンタメ研究所」は月額1000円で約６万人の参加者を抱えているので、まさにこのポジションです。

メンバー数が多いと、どうしても１人ひとりに対するケアが難しくなってくるので、コンテンツを毎日投稿して、読み物として楽しんでもらえる形式が好ましいです。

多様なメンバーが参加しているので、イベントやプロジェクトの実施時や、書籍等のプロモーション時に絶大なパワーを発揮しますが、人が多いということはそれだけトラブルが発生することも想定する必要があります。

② 高額・少人数型

１人でオンラインサロンを運営するのであれば、このスタイルが最適だと私は思っています。会費目安は月額5000～10000円程度。サポート可能な人数は100～150人が目安です。

充実したノウハウ提供や綿密なサポート、リターンの大きさを上手に伝えることができれば、数十人規模のメンバーは集まるはずです。

③ 高額・多人数型

②のスタイルで、多数のメンバーを抱えるスタイルです。運用は主宰者だけでなく、複数名の専任スタッフが行ないます。

運営組織

① 個人運営

ほとんどのオンラインサロンがこちらに該当します。主宰者が基本的にすべてを行なって、状況に応じてサポートメンバーが手伝う形です。

② 組織運営

ある程度の規模感になったオンラインサロンは、運営スタッフを雇うか、ボランティアスタッフの力を借りて運営しています。

スタッフになることで主宰者と近づけたり、目の前でいろいろな経験ができたりするのはメリットですが、主宰者側が感謝の気持ち（気持ちでも金銭でも）を忘れると途端にブラック企業化し、場合によってはアンチ化してしまう危険性もあるので、しっかりコミュニケーションを取りましょう。

Point

先生型、先輩型……
自分に合ったスタイルでやっていこう

#04 オンラインサロン運営に必要な準備と心構え

取り扱うテーマ（独自性）を明確にする

オンライサロンを運営するにあたり、あらかじめ準備しておいて欲しい「準備」と「心構え」があります。

まず、取り扱うテーマです。これは非常に重要な項目です。次の要素を満たしていることが好ましいでしょう。

取り扱うテーマ（独自性）

・なぜこのコミュニティをやるのかという想い（メッセージ）
・主宰者の実績を軸にした提供サービス（オリジナリティ）
・参加することによる価値の提供（期待感）
・メンバーと一緒に目指す未来（ビジョン）
・提供する「場」の解説（参加イメージ）

なぜ独自性が重要かというと、「この人から学びたい」「この人と一緒に歩みたい」という想いが強ければ強いほど、サービス勝負・価格勝負に陥らなくなるからです。一方、想いを強くしすぎると、依存度を高めてしまい宗教的になってしまう恐れがあるので、バランスも大切です。

【参考】ギガ盛りブログ飯募集ページ（DMM オンラインサロン）
https://lounge.dmm.com/detail/461/

私の運営するオンラインサロンの独自性は、オンラインと言いつつ、「オフライン（現実社会）」を重視しているところです。なぜなら、現実社会でのビジネスにつなげてほしいからです。目の前のブログのアクセス数よりも人としての基礎体力のベースアップを意識してもらい、カテゴリをまたいで活躍してもらいたいという想いがあるからです。インターネット内にこもっていたら、一部のビジネス情報しか入ってきません。

私がさまざまなコミュニティに足を運び、時には運営側として協力している意図はここにあります。自分が動かないと、現場の情報は入ってきません。カテゴリをまたぐフットワークの軽さと、別のカテゴリから得てきた知見を噛み砕いて、自分のコミュニティのメンバーにシェアできるのも独自性です。

さらに、私のオンラインサロンの著者輩出数は、数あるオンラインサロンの中でもトップクラスです（ナンバーワンと大きな声で言いたいけれどエビデンスがないのでこっそり書いています）。サロンに入って著者デビューできるなんて、メンバーにとっては大きな価値ではないでしょうか。

効果的に集客するために、主宰者の知名度よりも大切なこと

オンラインサロンの主宰者にはある程度の知名度が必要かと問われれば、たしかにないよりあったほうがいいと答えています。

とはいえ、知名度はすぐに上がるわけではないですし、そもそもA業界では有名でもB業界では誰も知らない、といったこともよくあり

ます。さらに、知名度が上がるのを待っていたらなにも行動できないので、動きながら知名度を上げていくしかありません。

知名度よりも重要なのは「実績の明示」です。言い換えると「自分の得意分野によって」「メンバーになにを提供できるのか」を「わかりやすく伝え続ける」ということです。

知名度はあるはずなのに、集客に苦戦している芸能人のオンラインサロンを見てもわかる通り、「知名度＝オンラインサロンの集客」という方程式は成り立ちません。彼らが苦戦しているのは、メッセージがまったく発信できていないからです。

知名度よりも実績よりも、メッセージを発信し続けることが、オンラインサロンを拡大していくためにもっとも重要な行動となります。

メッセージと言うと難しく感じるかもしれませんが、最初のうちはどれだけ「自分の得意分野で」「参加者に楽しい場を提供できるか」という点に絞ってもOKです。

「提供できるサービス」と「参加することによって得られる楽しさ」をひたすら発信し続けることでコミュニティは拡大していきます。

無理に「みんなを引っ張る先生」になる必要はありません。1歩先を歩んで、落とし穴や楽しさを知っている「背中を押せる先輩」として伝えていきましょう。

なお、有名である必要はありませんが、SNSのフォロワーやブログの読者が多ければ多いほど初期の集客は楽になります。

募集し続ける鉄の心（あるいはルーチン化）

コミュニティを作って、維持していくためには、人を集める努力を続ける必要があります。これを忘れると会員は減るばかりで、継続する気持ちが折れてしまうからです。

では、なぜ会員が減っていってしまうのでしょうか。それは、「ありきたりで」「告知が弱くて」「環境を維持できない」からです。どこにでもある内容で、恥ずかしがってメッセージを発しないで、すぐネタ切れして放置状態になっていたら、そもそも人は集まりませんし、勢いで入ったとしてもどんどん去っていってしまいます。

ブログでもSNSでもいいですし、口頭での説明も重要です。無理な営業は受ける側も苦痛ですが、相談者が情報発信の相談をしてきた際に、回答の最後に「そういえばこんなコミュニティやってるので興味あったらページ見てみて」と紹介するのは自然な流れです。

オンラインサロンの接点をたくさん増やして、根気強く、そしてさり気なく勧誘し続けるのが大切です。誘い続ける鉄の心が持てない人は、毎月最初と最後にサロン募集記事を公開する、SNSでつぶやくというルールを作って、淡々とやり続けるのをおすすめします。ルーチン化した作業には、心の強さなど必要ありません。

あれだけの会員数を誇る西野亮廣さんでさえ、毎日のようにサロンの募集をしています。芸能人が一生懸命やっているのに、一般人の私たちがなにもしないで人が増えると思っているのは単なる怠慢です。

週1ペース以上で投稿できるネタを準備しておく

私のオンラインサロンの場合、メインは月1回のセミナーで、オンライングループでのコラム投稿や質問への回答、各種サポートはサブの扱いとなっています。

そのため、コラムの投稿はそれほど多くなく、少ないときは月に2〜3本、多いときだと毎日投稿することもあります。とはいえ、あくまでもサブはサブなのであまり無理しないようにしています。

ただ、オンラインでの情報提供や交流がメインコンテンツの場合はそうは言っていられません。密度の高いコラム（記事）であれば週に1本ペースでもいいかもしれませんが、可能であれば毎日に近い形で新しい情報を投下していったり、メンバーとの交流を図ったりしないと、満足度を下げてしまう可能性が高まります。

自分のオンラインサロンでしか提供できないコンテンツやサービス

を提供し続けるために、しっかり準備しておきましょう。オンラインサロン開始前に50本のネタ（タイトルだけでも可）を考えておけば、週1連載として1年間はコンテンツを提供できます。1年以内に次のネタを探し、新しい経験を積むことで、さらに50本のネタを蓄積すれば、翌年もコンテンツを提供できます。

しっかりとした準備をした上で、自転車操業的なスリルを楽しみつつ、コンテンツを強化していきましょう。なお、コンテンツがネタ切れした時点でオンラインサロンを閉じる運営者も多いです。

Point

根気強く、そしてさり気なく
勧誘し続けることが大切

#05 コミュニティガイドライン、利用規約、禁止事項について

私のサロンの入会条件

私が運営する「ギガ盛りブログ飯」の募集ページに掲載している入会条件・注意事項は、次の通りになっています。

「ギガ盛りブログ飯」の入会条件・注意事項

1. サロン内でのメンバーの発言（オンライン、オフラインとも）のブログ、ソーシャルメディアなど外部メディアへの転載、口外はお断りしています。私（染谷昌利）の発信については、公開していただいても構いません。「染谷がオンライングループで言っていた」など、引用としてお使いいただけるとうれしいです（強制ではありません）。
2. 情報商材の売り込みや、ビジネスへの勧誘等、サロン内メンバーへの営業行為を目的とした入会はお断りします。判明した場合は、強制退会とさせていただきます。
3. Facebookの登録名が実名でない方は、入会をお断りする場合があります。
4. 入会目的が、本サロンの趣旨に著しくそぐわないと主催者が判断した場合、強制退会とする場合があります。
5. 本サロン内の円滑なコミュニケーションを阻害すると主催

者が判断した場合、強制退会とする場合があります。
6. オンラインサロン入会申込完了後、Facebookグループへの申請を行ってください。なお、当該Facebookグループの承認には2営業日ほどお時間をいただく場合がございます。予めご了承ください。

私が条件として出しているのは1だけで、残りの5項目はDMMさんのほうで追加してくれています。基本的に私は、**コンテンツはいずれ無料化していくものだと思っているので、自分の発信する内容について無断転載されてもとくに気にしません。**そのため、私の発信に関しては自由に使ってOKにしています。

このように、基本はプラットフォームの規約に準じています。

しかし、心の中で決めている自分だけの規約が次の5つです。

① ターゲットではなく仲間

1つ目は、サロンメンバーは仲間であるということです。指導相手でもお客様でもありません。一緒の方向に向かって歩んでいる仲間です。基本的にはメンバーのことを信頼して自由に楽しんでもらえればいいと思っています。

② 正しいことより楽しいこと

2つ目は、楽しくやりましょうということです。ルール通りの正しさを押しつけてもストレスにしかなりません。多少、ルールから外れていても楽しければそれでいいのです。ただ、他の人に迷惑をかけてはいけません。それは正しくも楽しくもないからです。

③ 個人攻撃の禁止

コミュニティ内で誰かが誰かを攻撃しはじめたら、すぐに注意します。議論・討論はまったく問題ありません。風潮・トレンドに対しての疑問の投げかけもOKです。しかし、個人への攻撃・中傷は場の雰囲気を悪くするので、公開でのやりとりは行ないません。見かけたら削除して、個人的にDM等で対応します。

④ 無理しない（させない）

無理な勧誘での入会も、やめたがっているのに退会を止めるのも、自分の仕事がまわっていない人を忙しいプロジェクトに巻き込むのも、とにかく無理をさせることはしないように意識しています。無理している人を見つけたら「気にしないから抜けていいよ」と個人的に声をかけるようにしています。

⑤ 注意は3度まで

人はミスをする生き物です。たった一度の無意識でのルール違反（楽しくないこと）で排除することはありません。とはいえ、3回も同じような注意をしなければいけない状況になったら、退会を促すこともあります（実際には、これまでそんなことはありませんが）。

運営スタッフの導入について

参加メンバーが100人を超えてきたら、管理スタッフを置いておくとミスや対応の遅れが少なくなると思います。規模の大きなオンラインサロンの場合、有志による部活が作られていることも多く、各部長が責任を持ってプロジェクトを動かしています。

管理スタッフに謝礼を支払うのもボランティアで動いてもらうのも主宰者が決めればいいと思いますが、私はしっかり謝礼を支払ったほうがお互い気兼ねなく気持ちよく活動できると考えています。

Point

**ルールも大切だが、
みんなが楽しめる「場」を維持しよう**

#06 定期イベントについて（セミナー、交流会・飲み会）

オフラインでの交流も不可欠

“オンライン”サロンといっても、ネット上だけの運用では参加者の満足度を上げることは難しいです。ネット上の活動と並行して、オフライン、つまり現実社会での活動も力を入れていくことで、満足度の高いコミュニティを構築することができます。

ここではオフラインイベントの代表的な方法を２つご紹介します。

① セミナー（勉強会）

私が一番力を入れているのがセミナーです。そもそも、なぜ「ギガ盛りブログ飯」というオンラインサロンをやろうかと思ったかというと、毎月セミナーを半強制的にやるという自分への理由づけのためです。

「ギガ盛りブログ飯」は2016年10月にオープンしたオンラインサロンですが、実はそのルーツは2015年に遡ります。2015年初の目標は「毎月セミナーを開催する」ということでしたが、会場探しや集客（募集）が面倒でやらなかったのです。

しかし、2016年にDMMの担当者さんから「オンラインサロンやりませんか？」というお誘いがありました。当時はDMM内のセミナー会場や会議室を無料で借りることができて（※現在は有料です）、月額課金してくれているメンバー向けに毎月開催すれば、金銭的リスクはゼロで活動できることに気づきました。

結果として、他のオンラインサロンとの差別化の1つとして、オフラインでセミナーを毎月実施し続けているわけです。「ギガ盛りブログ飯」が始まったのが2016年10月なので、今まで50回ほどのセミナーを開催しています。主に都内での開催で、年に1～2回は必ずどこかの地方に行ってセミナー＋懇親会を開催していましたが、現在はコロナ禍の影響もありオンラインセミナーを実施しています。むしろオンラインセミナーの方が地方のメンバーもリアルタイムで参加できて好評だったりします。

なお、セミナー講師は私以外に2～3か月に一度、サロンメンバーや専門性を持った外部講師にお願いしています。サロンメンバーにはそれぞれ得意分野があります。それをシェアしてもらうことで私も学びになりますし、なにより登壇者の経験値となります。メンバーの誰かが、「セミナーやワークショップをやってみたい」と思っていたとしても、手間や金銭的な問題でなかなか1歩踏み出せないといったことがあります。そのリスクを私が取ることで、なんの気兼ねもなく新しいことにチャレンジしてもらうことができます。もちろん、謝礼もお支払いしています。目安としてはオンラインサロン会費の2～3か月分ぐらいの金額です。セミナー音声やスライドはオンラインサロン内で公開されているので、いつでも復習することが可能です。

② 交流会（飲み会）

セミナーは私が一方的に話すことが多いですが、交流会はメンバー同士の関係性を深めるために開催しています。20人ぐらいの人数で、土曜の17～19時ぐらいで開催したらかなり盛り上がったのでおすすめです（現在は休止中）。

Point

オンラインと言いつつ、「オフライン（現実社会）」も重視する

#07 決済＆運用プラットフォームについて

代表的な決済サービス

オンラインサロン運営において、決済サービス（参加者管理システム）を決める必要があります。入退会管理や、月会費未納のチェックをしっかりしておかないと、不要なトラブルになる可能性があるため、信頼できるシステムを利用することをおすすめします。

この項目では、代表的な３つの決済サービスについて解説します

・DMMオンラインサロン

私のオンラインサロンはDMMオンラインサロンのシステムを使っています。

手数料は非公開になっていますが、DMMオンラインサロンのページから問い合わせれば教えてもらえます。DMMの特典として、オンラインサロン用の独自プラットフォーム、提携イベント会場の割引、コンテンツ販売のシステムが利用できます。さらに、サロン内コンテンツをまとめて出版という可能性もあります。

DMM オンラインサロン
https://lounge.dmm.com/page/openlounge/

・CAMPFIREコミュニティ

クラウドファンディングのプラットフォームとして有名なCAMPFIREでは、継続支援型のサービスも展開しています。

利用手数料は10%です。たとえば、月額10000円のサロンであれば、9000円が運営者に、1000円が利用手数料となります。CAMPFIREは、もともとクラウドファンディングの会社なので、月額課金はコミュニティで、プロジェクトの資金調達はクラウドファンディング側でというように、上手に使い分けることも可能です。コミュニティ内で協力者を作って、クラウドファンディングのスタートダッシュを狙うのもアリだと思います。

CAMPFIRE
https://community.camp-fire.jp/readyfor

・独自決済

PayPalなどの決済サービスを使うことで、自分自身で決済管理を行なうことも可能です。

PayPalの場合、手数料は3.6% + 40円/件で、上記２つのサービスと比べて非常に安い費用で利用できます。10000円あたりの**手数料は400円です**。難点と言えば、決済管理画面と参加者アカウントのつけ合せを自分で行なう必要がある点と、自分の集客力で勝負しなければいけないという点です。とはいえ、DMMもCAMPFIREも、サロン一覧ページを見て申し込もうとする人は少数なので、そこまで気にしなくてもいいかもしれません。

PayPal
https://www.paypal.com/jp/webapps/mpp/merchant/

運用プラットフォームについて

オンラインサロンを運用する際に、よく利用されているサービスを紹介します。

・Facebookグループ

無料で使えるプラットフォームで、承認制でグループ運用できるため、多くのオンラインサロンで利用されています。イベントページ機能もあるので、オフラインイベントの告知も簡単です。難点は、情報が流れてしまうので読みたい投稿にたどり着くのが面倒なのと、原則実名制なので実名での交流が嫌な人は参加しづらいことです。

・DMMオンラインサロン独自プラットフォーム

DMMオンラインサロン利用者は、Facebookグループ運用と、この独自プラットフォーム運用を選択できます。独自プラットフォームはFacebookグループの機能をもとに、オンラインサロン向けに必要な機能などを追加したシステムになっています。

・LINEグループ（LINE公式アカウント）

LINEグループで情報提供しているオンラインサロンもあります。情報を溜めておく（アーカイブしておく）には向きませんが、ちょっとした交流に使うといいかもしれません。

他にも、「Slack」、「Discord」など、さまざまなツールが増えています。利用しやすいツールを選択しましょう。

Point

不要なトラブルを避けるために信頼できるシステムを利用しよう

#08

初期の会費設定について

トラブルになる一番の原因とは？

オンラインサロン運営の難しいところ（オンラインサロンにかぎらないのですが）の１つとして、「価格設定」があります。月額500円でも5000円でも１万円でも、好きに決めればいいと思うのですが、それでも悩んでしまうのが人間というものです。

個人的には、１人でスクール型オンラインサロンを運営するのであれば、月額500円など、あまりにも安い価格設定をするのはおすすめしません。無料のコミュニティなんてもってのほかです。最低でも3000円、できれば5000円以上の価格帯にしましょう。

なぜなら、参加人数が増えると管理工数も増えて、トラブルの種も生まれやすくなります。人が増えると１人あたりに使える時間も減ってしまい、結果として参加者の満足度を低下させてしまいます。それなのに、対価（月会費）が少ないと主宰側のメンタルが消耗してしまうのです。

月額5000円、100人規模のオンラインサロンであれば、ほぼメンバーの把握は可能です。そして本気度も違います。本気であればあるほど個別質問も増えますが、それなりの価格を設定しているので、納得してサポートできます。目が届くということは、トラブルやクレームも大きくなる前に対応できるのです。

どういったトラブルがあるかについても紹介します。ここから、価格設定によるトラブルの原因をいくつか紹介します。簡単にまとめると**「価格帯」と「理念」の不一致**です。

価格帯とサービスの不一致

まずは価格帯が高額の場合です。たとえば月会費10000円にもかかわらず、大した学びや交流がなかったら文句も言いたくなりますよね。それは金額と満足度が釣り合っていないからです。「ふざけんな、金返せ」というようなトラブルも発生しかねません。

次に価格帯が低額の場合も、これはこれでリスクがあります。「無料」「ワンコイン」で情報を提供するのは決して悪いことではありませんが、一緒に歩んでいくコミュニティを形成していくにはそぐわない場合があります。それは「安いからとりあえず入っておく」という人が必ず一定数いるからです。

価格設定は、参加者の質を保つ一定のハードルになります。会費を上げることで、意欲の高いメンバーが入会してくれる可能性が高まります。会費分をしっかり回収しようと思って交流するわけなので、活動も活発になります。とはいえ価格が高すぎたら高すぎたで提供サービスとの不一致問題が発生するのでバランスも大切なのですが。

理念の不一致

そしてもっとも問題なのが「理念の不一致」です。メンバーが理念を共有して一緒に同じ方向（目指している姿）に歩んでいれば、小さな不満なんて気にならないものです。自分が成長しているという実感があれば、人は行動し続けられるからです。

価格と満足度が高い位置でバランスが取れていれば、メンバーは継続してくれます。コミュニティに属していても、未来に期待が持てないと思われたら離脱していきます。時折、大きな声で「場」の外に不満を投げかける人もいて、それがトラブルとして表面化するのです。

退会に折れない鉄の心(あるいはあきらめの心)

オンラインサロンの運営をやっていて、一番気持ちが落ち込むのは参加者の「退会」です。

「一番凹むのはクレームでしょ？」と思われるかもしれませんが、クレームはまだ挽回のチャンスがあります。しかし退会は、そのチャンスすら失ってしまっているのです。

メンバーが自分に近い人であればあるほど、その人が退会したときにショックを受けますし、そして引き止めたくなります。しかし、それはグッと我慢しましょう。退会希望者を引き止めてはいけません。退会という出口を閉じれば閉じるほど、そのコミュニティは閉鎖的になり、カルト化していきます。

どんなコミュニティでも一定数の新陳代謝は必要です。そう割り切って、笑って退会者を送り出す余裕を持ちましょう。もちろん、再入会したいという希望が本人から出てきたら、手を広げて受け入れる余裕も大切です。

ちなみに私は、入会者の人数よりも、退会者の人数を気にしています。入会者を増やすのは、告知やサービスの量に比例するので、意外と単純です。しかし、退会者が増えるというのは、運営に対して不満が増えているということです。マンネリで飽きたのかもしれませんし、対応がぞんざいになっているのかもしれません。

原因は複数に及び、なおかつ退会していく人は本心を言ってくれないので、察して対応を考えなければいけません。とくに早期退会者の大きな特徴は、「コミュニケーションが少ない（イベント不参加・自己紹介すらない)」という点があるので、察することすら難しいのですが、それでも不満を察する努力は主宰者として続ける必要があります。

こうしたことを踏まえて、私が察した退会者の特徴は次の３つです。

退会者の特徴

1. コンテンツがマンネリ化して飽きた
2. 会費とサービス内容が釣り合っていないと感じられた
3. 別の活動に費用を使いたくなった

1は自分の努力でサービスの質を上げていけばいいですが、3はメンバーの考えなのでこちらとしてはどうすることもできません。

2は、1を改善するか、会費を下げるかでかろうじて対応できるかもしれませんが、一度離れてしまった気持ちを引き戻すには大きなエネルギーを必要とします。だからしょうがないのです（鉄の心で）。

なお、3で退会していったメンバーは退会前にDMで連絡をくれたり、退会後もTwitterで交流したりと関係性が崩れるわけでもありません。ただ、課金型のコミュニティから抜けただけで、人間関係まで否定されたわけではないからです。だから安心して、送り出しましょう。

Point

価格と提供サービスのバランスが重要

#01 Kindleで著者デビューの敷居が低くなった

出版は斜陽業界ではない

この節では、自分で原稿を書いて出版社を介さないで出版する電子書籍の概要と、その可能性について深掘りしていきます。

出版業界は斜陽産業と思われがちですが、実際はそうではありません。公益社団法人全国出版業界が発表した2019年の紙の出版物（書籍・雑誌合計）の推定販売金額は前年比4.3%減の1兆2360億円で15年連続のマイナスとなりました。しかしながら、紙と電子を合算した出版市場（推定販売金額）は、前年比0.2%増の1兆5432億円と微増しています。紙の市場は4.3%減少しましたが、電子出版が23.9%増と大きく成長したためで、全体の市場は2014年の電子出版統計開始以来、初めて前年を上まわる結果となっています。

また、出版市場全体における電子出版の占有率は19.9%となり、前年の16.1%からさらに上昇し約2割を占める規模になりました。電子出版市場の内訳は、電子コミックが同29.5%増の2593億円、電子書籍が同8.7%増の349億円、電子雑誌が同16.7%減の130億円となっています。

2019年出版市場
https://www.ajpea.or.jp/information/20200124/index.html

KDPを利用するメリット

「書籍出版」というと一部の人気作家や有名人の特権と思われがちですが、電子書籍は誰もが自分の作品を発表できる場になっています。

国内で利用できる電子書籍ストアはAmazonのKindle、楽天のKobo、ソニーのReaderが代表的ですが、本書では最大手であるAmazon Kindleについて解説します。

Kindle ダイレクト・パブリッシング
https://kdp.amazon.co.jp/ja_JP

Kindle ダイレクト・パブリッシング（以降、KDP）はAmazon Kindleストアが提供している出版サービスで、誰でも無料でAmazon Kindle規格の電子書籍を出版することができます。原稿や表紙など、出版に必要なデータがすべてそろっていれば数分で登録可能で、登録された書籍は48時間以内に世界各国の Kindle ストアで購入可能になります。出版というと小説やビジネス書のように文字メインの書籍と思われがちですが、写真集的な内容でも、コミックスでも登録することができます。

KDPを利用するメリットは大きく３つあります。１つはロイヤリティ（印税）の高さ、２つ目は文字のボリュームが少なくても出版できること、最後の１つは出版による自分自身のプロモーションにつなげられることです。

１つ目のロイヤリティの高さとして、Amazonの指定する利用要件を満たすことで最大70％の印税を得ることが可能です。一般的な紙の書籍の印税平均が８％程度なので、販売額が同じなら９倍もの報酬を得ることが可能です。

２つ目の文字量について、一般的な紙の書籍の場合、10万字近い文字量が必要になります。もちろん紙の書籍が電子化された場合は同量の文字数になりますが、電子書籍だけで提供されている書籍の場合、１万字程度の文字量で、99円程度の安価で販売されているものもあります。１万字程度であればブログ記事を再編集して電子書籍化することも十分可能で、数多くの電子書籍を販売することも可能になります。

３つ目の自分自身のプロモーションは、セルフブランディングという言葉にも置き換えられます。出版社を通していない自己出版とはいえ、Amazonというプラットフォームに自分の著書が掲載されるというのは世間的に見たらすごいことです。

また、自分のやっている業務と関連した電子書籍を出版することにより、自分の事業の集客手段として利用することもできます。たとえば副業に関する電子書籍を安価で販売し、その内容に共感した読者が問い合わせできるよう連絡先も掲載し、個人指導につなげるという流れです。

出版を単なる収益源だけととらえずに、自分のビジネス全体に好影響を及ぼす工夫をすることで、事業の多角化を図ることができます。

このように、さまざまな可能性を秘めた電子書籍出版ですが、実際になにを書けばいいのでしょうか。

一貫して言えることは、「好きなこと・得意なこと」です。「Excelの時短術」でも、「ソロキャンプのはじめ方」でも、「副業の教科書」でもなんでも構いません。あなたのノウハウを文章化しましょう。

参考までにKindle本をAmazon Kindleストアに掲載するまでのステップも解説します。

Kindle書籍を発売する８つのステップ

1．章立て（項目）を出し尽くす
2．10項目、１項目1000字で１万字の文章を書く
3．画像やイラストを挿入する

4．推敲・校正する
5．表紙を作る
6．完成した原稿をKDPのプラットフォームに
　アップロードする
7．Kindle本の内容や価格など書誌情報を入力する
8．Amazonの審査に通過すれば発売開始

手順の詳細はKDPのヘルプページに掲載されていので、ご確認ください。

Kindle direct publishing（ヘルプトピック）
https://kdp.amazon.co.jp/ja_JP/help/topic/G200635650

電子書籍であれば1万字ぐらいでも大丈夫とお伝えしましたが、慣れてきたらボリュームを増やしていきましょう。

まずはテーマに沿った項目を出してみます。20項目出したとして、その中から使えそうなもの、書けそうなものを10項目選択し、1項目1000字でまとめれば1万字になります。原稿を書いているうちに項目を追加したほうがいいと思うときもありますし、削除する場合もあります。この『副業力』も章立て、項目は最初に決めましたが、原稿を書きながら追加・削除を繰り返しています。いずれにしても、1項目1項目終わらせていくことで、原稿の完成は近づいていきます。

画像やイラストを用意しておくことも、原稿を書き進める上では助けになります。百聞は一見に如かずということわざもありますが、1つの画像・イラストを配置することで、読者の理解力を高められる可能性もあります。著者側も画像があることで、説明がしやすくなります。

原稿を書き上げたと思っても、それで終了ではありません。推敲や校正をします。余計な文章を削り、読み手のレベルを想像しながら言葉を選択し、わかりづらい表現を修正していく作業です。さらに誤字脱字がないかチェックします。

最後に、自分以外の第三者に読んでもらいましょう。自分では「このぐらいはわかるだろう」と思って書いた文章でも、まったく伝わらないことはよくあります。感想や修正したほうがいいポイントをヒアリングし、原稿の質の向上につなげましょう。

原稿が完成したら、魅力的なタイトルを決め、内容が伝わる表紙を作成します。表紙は、先述したクラウドソーシングのサービスで依頼すれば、安価で作成することが可能です。その際の注意点として、既存の市販書籍のデザインを真似して作成を依頼するのはやめましょう。出版社からクレームが入るなど、無用なトラブルが発生する可能性があります。

次に、価格設定していきます。価格は印税率35%であれば99円から20000円、印税率70%であれば250円から1250円の間で自由に設定できます。また、「Kindle Unlimited」という読み放題サービスに登録することで、読み放題利用者があなたのKindle本を読んだ場合、詠まれたページ数に応じて印税の配分があります。

原稿や登録内容の審査に通過するとAmazonであなたの本を購入することが可能になります。あとは自分自身でPRをして、売っていきましょう。

Point

Kindleでは手軽に電子書籍の出版ができるが、ルールを守ろう

#02

noteで自分の作品を売ってみよう

noteとは、文章や写真、イラスト、音声、動画など、自分の作品を通常のブログやSNSなどと同様に無料で公開したり、有料コンテンツとして販売したりすることが可能なプラットフォームです。

---

note
https://note.com/

有料コンテンツは通常会員（無料会員）の場合、100〜1万円の範囲で自由に価格設定が可能です。単体の有料コンテンツを販売する場合、販売価格の約85%（複数の有料コンテンツのまとめ売りは75%）を報酬として受け取ることができます。

もちろん、ただコンテンツを提供しただけで売れるわけではありません。読者に「お金を出してでも続きを読みたい！」と感じてもらえる情報を提供する必要があります。ブログやSNSを併用して、有料コンテンツを紹介してもいいでしょう。あなたの信頼度が高く、内容が充実していれば、note購入者が自分の意志で拡散してくれることもあります。その積み重ねが収益につながっていきます。

Kindle本やnoteから商業出版の道も拓ける

電子書籍やnoteは、副収入を得るだけのツールではありません。実際にKindle本が人気になり、出版社の目に留まり、紙の書籍の著者としてデビューしている人も数多く存在します。たとえば、東京と岩手の２拠点で介護を行なっている工藤広伸さんは、自分で運営していた介護ブログのノウハウを再編集してKindle本を出版しました。

医者には書けない！認知症56のヒント
https://www.amazon.co.jp/dp/B00QZQABPM/

このKindle本が出版社の目に留まり、『医者には書けない！認知症介護を後悔しないための54の心得』（廣済堂出版）という新書を出版することになりました。今では介護の書籍を５冊出版する作家でもあり、テレビや新聞などで取材を受ける介護者にもなっています。

医者には書けない！
認知症介護を後悔しないための54の心得
https://www.amazon.co.jp/dp/4331519732/

---

noteは「クリエイター支援プログラム」というサービスを展開しており、約60社の出版社と提携し、noteで活躍するクリエイターの出版のきっかけを提供しています。noteで質の高いコンテンツを書き続けることで、著者としてデビューすることも可能です。

Point

note、Kindleの面白そうなコンテンツは出版社の目に留まる

#01 YouTubeの配信方法

YouTubeも他の副業同様の考え方で取り組む

「動画配信型副業」にはYouTubeとライブ配信の２つの方法があると紹介しました。本項では、YouTubeの配信方法について詳しく解説します。

YouTubeで動画配信をはじめる場合、まずはYouTubeチャンネルを作る必要があります。YouTubeのチャンネルはGoogleアカウントさえあれば誰でも作ることが可能で、もちろん無料ではじめることができます。

YouTubeチャンネルの開設方法はこちらの記事をご覧ください。

YouTube チャンネル（アカウント）を作成しよう
https://parallel.careers/making-youtubechannel/

現在のYouTubeは副業として気軽な気持ちで収益化できるかと言うと、そうでもありません。本業の気持ちで真剣に半年、１年と取り組むことでようやく収益化が見えてくるシステムになっています。

理由は２つあります。１つ目が規約の改定です。現在は過去12か月で合計4000時間の視聴時間とチャンネル登録者1000名を超えることが収益化プログラムに参加できる条件であり、これをクリアするには数か月の時間がかかります。チャンネルを開設してすぐに何十万ものチャンネル登録者を得られるのは一部の著名人だけです。一般人の私たちはじっくりと取り組む必要があります。
もう１つの理由は、ライバルの増加です。多くの人がYouTuberとして有名になることを目指して動画投稿を開始しています。その中であなたの動画を閲覧してもらうためには、視聴者にとって有益な内容（面白さも含む）であることはもちろん、目立つ必要もあります。「目立つ」だけに注力した結果、人に迷惑をかけてでも視聴数を伸ばそうとする炎上系YouTuberが増えてしまったのはその弊害でもあります。

最初に少々脅かしてしまいましたが、YouTubeも他の副業と一緒です。**しっかりとした企画で、誰かが喜んでくれるコンテンツを、継続して投稿し続けられれば、必ず結果につながります。**
もし収益につながらなくても、動画撮影や編集力はこれからの時代に必要とされるスキルです。たとえ目の前の収益が伸びなくても、スキルアップのためにチャレンジすることは必ずあなたの経験になります。

YouTubeからの収入の仕組み

まずは視聴時間4000時間、チャンネル登録者数1000人を超え、収益化プログラムの承認が降りることが前提になりますが、YouTubeの収益化の仕組みは次の４つがあります。

① 広告からの収入
② ライブ配信時の投げ銭システム
③ 月額課金
④ タイアップ広告

① 広告からの収入

１つ目の広告収入が、YouTubeからの収益化として一般的に知られている仕組みです。動画内で配信される広告が視聴されることにより、チャンネル運営者に報酬が支払われます。

② ライブ配信時の投げ銭システム

２つ目の投げ銭システムは、「スーパーチャット」というものです。これはYouTubeライブ（生配信）の配信中に、コメントに加えてお金を送ることができるギフティング機能です。視聴者は、100円から最大50000円まで好きな金額を設定することが可能で、配信者にはYouTubeの手数料を引かれた金額が分配されます。

③ 月額課金

３つ目の月額課金は、「YouTubeチャンネルメンバーシップ」というシステムで、チャンネル登録者数が３万人を超えた運営者が利用できる機能です。金額は月額90～6000円の間で自由に設定でき、メンバー限定の動画配信などの機能が使えるようになります。

④ タイアップ広告

４つ目のタイアップ広告は、企業などから直接プロモーションの依頼を受けて、動画内で商品やサービスを紹介する代わりに報酬をいただく仕組みです。

これはYouTube側のチャンネル登録者数等の最低条件はありませんが、ある程度の影響力があるYouTuberにしか依頼が届くことはないので、まずはチャンネルを育てることに集中しましょう。

なお、タイアップ広告を取り扱う場合、動画配信時にYouTubeのシステム内で有料プロモーションが含まれていることを明記する必要があります。

YouTubeで大切なことはファン（チャンネル登録者数）を増やすこと

YouTubeは視聴回数ばかりがクローズアップされがちですが、１本の動画の視聴回数よりも大切なことがあります。それはチャンネル登録者数を増やすことです。
気に入ったブログやウェブサイトは、すぐアクセスできるようにブックマークをしますよね。ブックマークをする人が増えれば、情報も広がりやすくなります。YouTubeも同様で、固定視聴者（ファン）が増えるとより情報が伝わるようになります。そのためにYouTubeで人気を集めるには１本１本の動画だけではなく、YouTubeチャンネルの登録者を増やす施策が重要になります。
視聴者がチャンネル登録すると、登録したYouTube チャンネルに新しい動画がアップされた際にYouTubeからメールで通知されたり、スマートフォンやタブレットに通知が表示されたりします。あなたが動画を配信したことが視聴者にいち早く伝わり、視聴してもらうきっかけを生み出すことができます。動画公開直後の視聴回数が伸びることによって、YouTubeのおすすめ動画や関連動画に表示される可能性も高まります。

残念ながら、チャンネル登録を増やすための特効薬はありません。動画の最後にチャンネル登録を促すお願いを入れてみたり、画面内に「チャンネル登録はこちら」というリンクを配置したりと、地道な積み重ねを続けていきましょう。この地道な積み重ねがチャンネル登録者数を増やし、視聴時間や視聴者維持率の向上につながっていくのです。
また、自分のブログやSNSとの連動は重要で、YouTube内だけでは届かないファン層に情報を届けることができます。複数の発信手段を持っておくことで、お互いの弱点を補完し、視聴者数／読者数を伸ばすことが可能です。

Point

登録者数をアップさせるためには
地道に配信を続けていくしかない

#02
人気動画を作るための「考え方」

最初のうちは質よりも量

「視聴回数が伸びない」と嘆いている人に共通して言えるのは、「圧倒的に動画の投稿量が少ない」ということです。とにかく最初のうちは量を投稿しなければ話になりません。
　次のことを心がけて、無心で投稿していきましょう。

- **特定のジャンルに絞る**
- **可能なかぎり毎日配信**

　動画の質が高いに越したことはありませんが、最初のうちは誰も見ていないので、100%の完成度を求めず、練習と思ってどんどん投稿しましょう。まずは動画を収録し、投稿することに慣れるということが先決です。

たくさん視聴される動画の傾向

　YouTubeの視聴環境はスマートフォンに移行しています。2019年2月にニールセンから発表された調査結果によると、若い人ほどスマートフォンのみで動画を視聴する割合が高く、YouTubeを利用する18～20歳のうち87%はスマートフォンのみで動画を視聴しているというデータが出ています。また、すべての年代において、スマートフォンのみでのYouTube利用者は60%を超えています。

さらに、「ほとんどの視聴者が、１つの動画を長時間真剣に見ているのではなく、短い動画をいくつも順番に見続けている」という特徴があります。じっくりと腰を据えて動画を見るのではなく、ちょっとしたスキマ時間にスマホで視聴しているようです。

ということは、手間をかけて長時間の動画をつくってもYouTubeでは最後まで見てもらえない可能性が高いということが想定できます。

動画には検索用キーワードを埋め込もう

YouTubeはおすすめ動画や関連動画といった自動的にあなたにマッチした動画が表示されるSNS的な要素とともに、検索機能も充実しています。

ここで気をつけたいのは、ただ動画をアップするだけでは検索にヒットしないという点です。ブログやウェブサイトといったテキストコンテンツは書いた文章が検索の対象になりますが、動画には文章がないので検索エンジンに認識してもらうためには、的確に文字情報を載せておく必要があります。

検索の対象となるのは、次の３つの項目の文字情報です。

・動画タイトル

動画のタイトルはとても重要な項目です。

視聴者に「動画を見たい！」という感情になってもらうためには、「サプライズ（感情の変化）」と「視聴者への投げかけ」がポイントになります。あなたがYouTubeで検索した際に、つい見たくなる動画のタイトルはどうなっているでしょうか。さまざまな動画を参考にしながら、適切なキーワードを加えながら動画タイトルを考えてみましょう

・動画の説明欄

タイトルと同じぐらい重要な項目です。動画の概要を書くことはもちろんですが、誘導したいURLを記載するなど、自由にスペースを使うことができます。また、検索でも大切なテキストコンテンツとなりますので、検索エンジンを意識した説明文を記入しましょう。

・タグ

「動画タイトル」や「説明欄」と違って、視聴者には表示されませんが、YouTube内では動画検索のためのキーワードとして非常に大切な役割を担っています。「タグ」にも検索に直結するキーワードを入力するのがおすすめです。動画の内容を端的に表すキーワードや名前、場所など、具体的な情報を入れるようにしましょう。

なお、キーワードがマッチしていれば、検索結果以外に、関連動画に表示されることも期待できます。あなたも1つの動画を見終わったあと、関連動画をもう1本見た経験はありませんか？　この「もう1本」に選ばれることで視聴数を大きく伸ばすことができます。

動画のサムネイルはアクセス数を大きく左右する

YouTubeを眺めていると、動画配信者の多くがインパクトのある言葉が踊ったサムネイル（トップ画像）を設定していることに気づくと思います。なぜなら、サムネイル1つで視聴数が大きく変わるからです。

YouTubeに動画をアップロードすると、動画の中から自動的に3つのサムネイル（静止画）候補が作られ、そのうちの1つが自動的に設定されます。サムネイルは動画の編集画面で簡単に変更できるので、自分の伝えたいイメージにあったものを設定しましょう。「YouTubeアカウントの確認」の初期設定が完了していれば、自分が作成したカスタムサムネイルをアップロードして設定することが可能になります。初期設定は前項で紹介した参考記事内に載せていますので、忘れずに設定しておきましょう。

カスタムサムネイル画像は、動画の内容がひと目でわかる文章と写真にすることをおすすめします。

動画の長さはどれくらいが最適なのか

YouTubeの動画は、「スキマ時間にスマホで視聴している人が多い」と言いましたが、その状況が示す通り「短い動画」であることが重要です。最適な長さは諸説ありますが、エンタメ的な動画であれば一般的に3～5分が適していると言われています。ただ、3分流しっぱなしの動画ではなく、30～90秒のカットを組み合わせて、1本の動画にしていくようにしましょう。

なぜかというと、人間の集中力は長続きしないからです。インターネット動画を分析しているWistia社の調査結果では、「30秒以内の動画なら平均して全体の80%、1分以内の動画なら70%、5分以内の動画なら60%まで見てもらえる」というデータが出ています。

最初の30秒が面白ければ、継続して動画を視聴してくれる可能性が高まり、逆に面白くなければ離脱してしまいます。短い動画を積み重ね、視聴者に飽きさせない工夫をこらす必要があります。

なお、YouTubeの管理画面内にあるアナリティクスという機能では、動画がどれくらい見られているかを「視聴者維持率※」という指標で確認することができます。他にも動画の再生時間、再生地域、視聴者の性別など、視聴状況を詳しく調べることができるようになっています。

がんばって作った動画ですし、しっかりとメンテナンスして多くの人に見てもらえるよう工夫と改善を繰り返しましょう。

※「1つの動画を視聴者がどれくらいの時間、閲覧し続けているか」ということを数値化したものです。具体的な数値で説明すると、5分間の動画で視聴者の再生時間平均が3分の場合、その動画の視聴者維持率は60%です。配信している全動画の平均視聴時間と平均再生率も表示できますし、個別動画ごとの数値も確認することができます。個別動画の確認画面では、動画の各時点での視聴者維持率を確認することができます。どこで視聴率が落ちているのかを確認することができるため、動画の構成を考えるときに非常に参考になります。視聴率が極端に落ちている箇所があったら、そのパートをカットしたり、動画を分割したりすることで視聴者維持率を改善することが可能です。

慣れてきたら10分以上の動画にチャレンジしよう

YouTubeは「視聴者を魅了する動画」であれば、短いよりも長いほうが視聴者の満足度が上がり、検索結果等のアルゴリズムにも好影響を及ぼすと言われています。しかしながら、ただ長いだけで中身の薄い動画では逆効果です。

短時間動画で経験を積んだら、ぜひ10〜20分の長さの動画にもチャレンジしてみましょう。経験を積んだことにより、長い動画を最後まで見てもらえる企画力や話術、編集力が身についているはずです。長尺の動画は検索との相性だけでなく、動画内に複数のタイミングで広告を挿入することができるため、広告収入の面でも好影響が生まれます。

動画視聴者との交流をしよう

YouTubeのコメントに返答したり、SNSやメールなどで送られてきた質問やファンレターを紹介したり、視聴者と交流を図って距離を縮めていく方法も有効です。質問を受けるだけでなく、企画の募集などを行なってもいいでしょう。

アーティストやアイドルから返答が来たらうれしいですよね。芸能人になれとは言いませんが、そのようなマインドで視聴者と向き合うことが大切です。YouTubeで「質問コーナー」と検索すると、大量の質問コーナー動画が表示されます。誰もが知っている人気YouTuberも視聴者からの質問を受けつけて、そして回答しているのです。

実際にいくつか動画を視聴してみて、どのような動画の評価が高いのかを分析し、自分の動画に反映していきましょう。

取り扱うテーマが近いYouTuberとコラボレーションしよう

自分のテーマに近い内容を取り扱っている動画配信者を探し、互いの動画にゲストとして出演し、それぞれのYouTubeチャンネルの視聴者にPRしていく方法もおすすめです。

同じテーマの配信者は敵ではありません。協力関係を結んで、お互いのよさを最大限引き出した動画を作成することで、新たな視聴者を得られる可能性があります。とはいえ、そのテーマのトップクラスの配信者にいきなりアプローチしても、あまり色よい返事はもらえないかもしれません。なぜなら、相手側のメリットが少ないからです。はじめのうちは同じぐらいのチャンネル登録者数の配信者に打診してみましょう。コツコツとチャンネル登録者を増やし、こちらの影響力が大きくなればワンランク上だと思っていた配信者とのコラボも可能になります。

依頼するときの礼儀として、しっかりと心を込めてお願いしましょう。そして、たとえ一度断られたとしても、心が折れてはいけません。動画配信者は星の数ほど存在します。１人に断られても、めげずに他の配信者にアプローチし続ければ、必ず相性のいい配信者と巡り会えます。自分のチャンネル登録者数が増えれば、逆にコラボを依頼される立場になるかもしれません。

YouTubeの運営方法のヒントは、Googleが提供しているYouTubeクリエイターアカデミーでも学ぶことができます。必ず目を通しておきましょう。

YouTube クリエイターアカデミーで学ぼう
https://creatoracademy.youtube.com/page/home

Point

人気動画を作るために
さまざまなチャレンジをしよう

#03

撮影、編集の注意点

動画撮影時の注意点

動画撮影は準備が大切です。思いつきで撮影を開始することもできますが、しっかりと準備をしておくことで、クオリティを高め、撮影後の作業量を減らして時間の節約をすることが可能になります。

まず、簡単でいいので、台本を用意しておきましょう。フリートークで収録すると、話がまとまらなかったり、途中で止まってしまったりしてしまい、スムーズな収録につながりません。収録後に編集で不要な箇所をカットして整えることは可能ですが、そもそも収録時の完成度を高めておけば、余計な編集作業が必要ありません。

また、機材は、今は一眼レフカメラの動画機能、あるいはスマートフォンの動画機能で十分に対応可能です。それよりもクリアな音声を録音するためのマイクと、明るい映像を撮るための照明を重視することをおすすめします。編集時に音声や明るさは加工できるのですが、収録時点でいい状態の映像を撮影しておくことで編集の時間を大きく削減することができます。

動画編集時の注意点

私の場合、収録した動画はAdobe Premiere Proというアプリで編集しています。Premiereで行なっている編集作業は、次のようなものです。

動画の編集作業

- 余計な部分のカット（最初と最後の空白、不自然な間、言い間違いなど）
- 画面の拡大、縮小
- 音声の調整（ボリュームバランスの調整、バックグラウンドノイズの削除）
- カラー調整（露光、コントラスト、ハイライト）
- ロゴやオープニングの挿入
- トランジション（カットとカットの間に挿入する切り替え効果）
- テロップ、効果音の挿入

テンポのよさや音声の聞きやすさ、テロップでの重要なポイントの提示など、どうすれば視聴者に最後まで動画を閲覧してもらえるかを常に考えつつ、編集作業を行ないます。

よく動画編集に使われるアプリには、Macの場合はiMovieやFinal Cut Pro、Mac/Windows共用の場合はFilmoraやPremiere Rush / Proがあります。まずはiMovieやFilmoraといった無料で利用できる動画編集アプリでチャレンジしてみて、必要に応じて有料のFinal Cut ProやPremiereに移行しましょう。

サムネイル画像（動画のアイキャッチ）の作成は、CanvaやPhotoshopなどを使っている人が多いです。Canvaは無料ながらさまざまな機能がありますので、初級者から上級者まで活用しています。

なお、Final Cut ProやPremiere Proが使いこなせるようになると、先述したクラウドソーシングでも大きな強みとなり、条件の良い仕事を得ることも可能です。知識を得て経験を積み、スキルを身につけることで、さまざまな相乗効果が生まれ、そして副収入の可能性は大きくなります。

Point

**収録時の完成度を高めておけば、
編集作業が少なくなる**

#04
厳しくなったYouTuberの道

Googleの規約変更で収益化のハードルが上がった

YouTubeで収益を上げる仕組みは、動画を見に来た視聴者に広告を配信することにより、その表示回数やクリック回数に応じて、配信者が収益を得られるプログラムによるものですが、2018年2月に潮目は変わりました。01項でも触れた規約改定です。

従来は規約に則って動画配信をしていれば、ほとんどの配信者は収益化プログラムを利用することができましたが、2018年2月にGoogleがYouTubeの収益化条件を変更しました。YouTube パートナープログラムを利用できる条件として、自分のYouTubeチャンネルの過去12か月間の総再生時間が4000 時間、チャンネル登録者が1000 人に到達しないと収益化できなくなってしまったのです。

この規約改定によって、人気YouTuberはそのままプログラムを利用できますが、初心者〜中級者レベルのYouTuberのほとんどが収益化できなくなってしまったわけです。もちろん、利用条件を目指して動画を配信し続けるユーザーもいますが、以前ほど手軽に副業としてトライできる仕組みではなくなってしまったかもしれません。

「17LIVE」や「SHOWROOM」を代表としたライバーの台頭

YouTubeの収益化規約の厳格化の一方で、新しい動画配信システムが台頭してきています。代表的なサービスが「17LIVE」や「SHOWROOM」「Pococha」というサービスです。これらはインターネット空間上に仮想ライブ空間を作り、生配信ができる仕組みです。サービス開始当初はアイドルなどの芸能人がファンと交流するために利用しているケースが多かったのですが、最近では一般の人でも生配信を行なっています。

収益化の仕組みはYouTubeと同様に視聴回数による分配金と、配信者が視聴者からギフトをもらうことで、そのギフトのポイントに応じて収入が入るという流れ（ギフティング）です。視聴者は花束やぬいぐるみなどの課金アイテムを購入し、ステージに投げ込むことで、配信者はそのギフトの課金額に応じて報酬を得ることができます。

人気の配信者になれば1回の放送で何万円も収入を得ることができますが、配信を重ねるだけでなく、番組の質を向上させていくなど、積み重ねが大切です。

動画を活用した副業に関しては、動画自体で稼ぐということは難しくなっているのが私の印象です。とはいえ、動画が作れる能力は間違いなく役に立ちますし、これからの世の中にも求められているので、スキルアップを主眼において取り組むのは非常にいい方向性だと思います。

Point

人気動画を作れるノウハウは、これから確実に必要とされる

#01 世界最大級のオンライン講座「Udemy」

Part_2のChapter 3-02でオンライン講座配信は自分のオンラインショップ、あるいはプラットフォームを利用することが可能と書きましたが、本項では世界最大級のオンライン講座プラットフォーム「Udemy」を使った副業のスタイルをご紹介します。

Udemy
https://www.udemy.com/

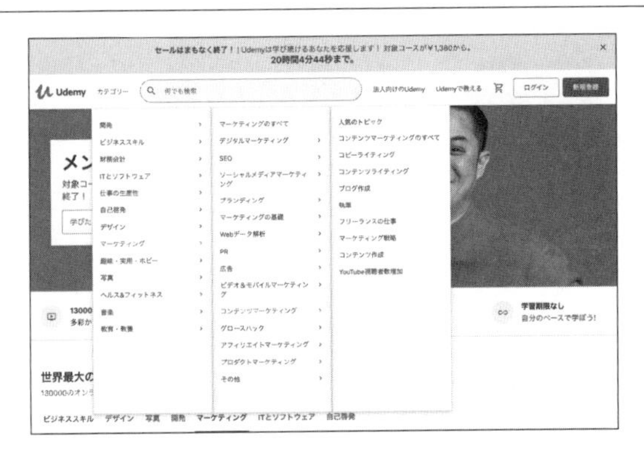

Udemyは世界で4000万人以上が利用するオンライン学習プラットフォームで、世界中の「教えたい人（講師）」と「学びたい人（受講

生)」をオンライン上でマッチングさせるサービスです。もともとはアメリカでスタートしたサービスですが、日本国内でもシェアを伸ばしています。

公開されている講座は「プログラミング言語の習得法」や「Excelの使い方」といった実務的な内容から、「初めてのクラシックギター」といった趣味のジャンルまで、幅広い講座を提供しています。

ブログ運営やコンテンツ作成のジャンルもあるので、副業で身につけたスキルをオンライン講座化して販売することも可能です。

私がUdemyを推す理由は、3つあります。

1つ目が、Udemy自体が検索エンジン最適化の施策やインターネット広告施策を実施しており、あなたの講座が検索エンジン上やSNSのタイムライン上に表示される可能性があるという点。

2つ目がUdemyのプラットフォーム内でも、ユーザーの嗜好に最適化された講座が推薦されるので、あなたの講座を目にしてもらえる機会が増えるという点。この2点は、あなたの発信力がそれほど強くなくても、Udemy側で営業をしてくれるというメリットがあります。

3つ目が講座作成時のサポートです。もちろん文章でのヘルプページもあるのですが、アップロードした講座をUdemyのスタッフが確認し、フィードバックをもらうことができます。

ビデオの品質や講座の内容、音質や講座の紹介ページの構成など、事細かにチェックしてもらえるので、動画初心者でも安心して講座を作成することができます。

Udemy内でのオンライン講座の作り方

Udemy内でオンライン講座を作成する手順について解説します。

まずは講座自体を作成する必要があります。長さについては、90～120分程度の講座を目指しましょう。Udemy内には6時間の講座などもありますが、最初から長時間の講座を作成するのは、内容の構築やその後の編集が非常に大変です。

セミナー形式での講座を作成する場合は、PowerPointやキーノートなどでスライドを作成し、Zoomの録画機能、あるいはPowerPointについている「スライドショーの記録」機能などを使い、講座を収録することをおすすめします。ギター講座など、体の動きを見せたい場合はYouTubeの項で紹介したように、一眼レフやスマートフォンなどのカメラで撮影しましょう。

収録時に重要なポイントは、わかりやすさと音です。Udemyは通勤・通学中にスマートフォン＋イヤフォンで視聴する人が多いので、文字が大きめのスライドや、ジェスチャーが好まれます。

また、音声については雑音を可能なかぎり除去しましょう。パソコンのスピーカーでは気にならない雑音でも、イヤフォンで聞くと不快に感じる場合もあります。収録時には集音マイクを使い、余計な雑音（エアコンの風音など）が入らないようにし、編集時にバックグラウンドノイズを消すなどの配慮が大切です。

編集はスライド（項目）ごとに分割してアップロードしましょう。配信ページで講座の詳細を表記することができるのと、受講生も好きなパートを視聴することが容易になります。

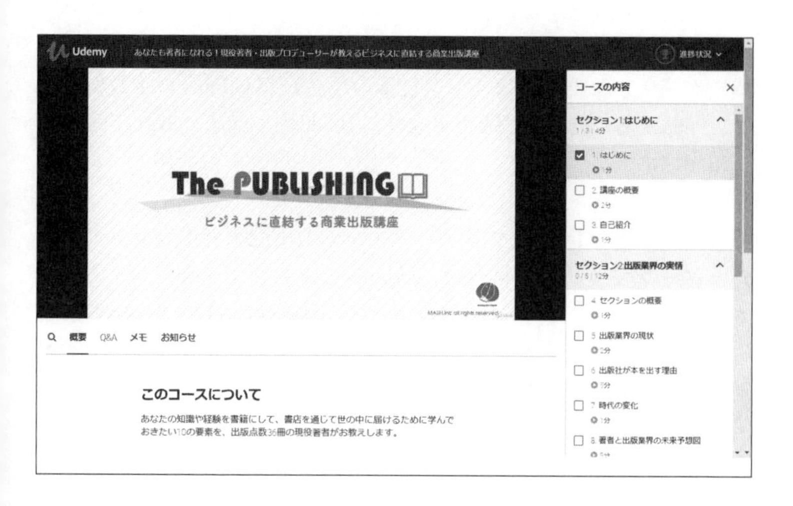

講座のタイトルやコースの概要についても、受講生が興味を持ってくれるような内容にしましょう。ここに関してはブログや動画で身につけた表現能力が役に立ちます。

最後に**価格の設定**です。講座は無料から、最高２万4000円まで、38の価格帯で設定可能です。自分が適切だと思う金額で値づけしましょう。

ただUdemyは定期的にセールを実施しており、２万4000円に価格設定していたとしてもセール中は1600円で販売していることもよくあります。そして、活発に売れるのはセールのタイミングです。正規価格は気持ち高めに設定しておいて、セールの際にお得感を持ってもらうというのも１つのやり方です。

Udemyからの報酬について

Udemyに講座をアップロードし、配信すること自体は無料です。あなたの講座が購入された際にUdemyの手数料を差し引かれた金額があなたの報酬となります。

Udemyの手数料には２パターンあって、あなたの紹介リンクから講座が購入された場合は４％（日本の場合）がUdemyの手数料となり、96%があなたの報酬となります。10000円の講座であれば9600円が報酬です。

もう１つがUdemyのプラットフォーム上で受講者が発見して売れたパターンです。この場合は、Udemyとあなたで50%：50%で分配されます。ただし、Udemyアプリから売れた場合は、AppleおよびGoogleの手数料として売上総額の30%が課されるので、売上金額の70%を折半する形になります。

友人知人には自分の紹介リンクで販売することで高い報酬を得て、新規ユーザーはUdemyに手数料を支払い営業代行してもらうことで、売上の最大化を見込むことができます。

Udemyの収入を増やすためにできること

他の副業と同じことが言えるのですが、講座が増えれば増えるほど、報酬額も増えていきます。これは純粋に個別の講座が売れるという要素もあるのですが、あなたの講座に満足した受講者が別の講座も買っていくことが多いからです。

Udemyは定期的にセールを行なっていると書きましたが、セール時のまとめ買いも馬鹿にできません。一挙に4～5本購入する受講者も存在します。2～3個の講座しか提供していない人と、20個の講座を提供している人とでは、このまとめ買いのタイミングで大きな差が発生します。

講座を増やす場合、同一テーマの講座を集中的に増やすことをおすすめします。初級編、中級編、上級編と分類してもいいですし、ブログのはじめ方講座を作成したら、次にブログのカスタマイズ方法、アフィリエイトを使った収益化方法など、関連する内容を増やしていくことも1つの方法です。

1本の講座で成果が出なくても、数を増やすことで大きな変化が期待できるので、ぜひチャレンジしてください。

Point

副業で身につけたスキルを
オンライン講座化して販売しよう

Part_3

副業のリスクと
成功への道

#01

独自性の生み出し方

独自性はどのように生み出せるのか？

本項ではなぜ独自性が重要なのか、そして独自性はどのように生み出せるのかについて解説します。

まず知っておきたいのは「USP（Unique Selling Proposition）」です。これは、1961年に広告界の巨匠ロッサー・リーブス氏がまとめたマーケティング技法で、簡単に解説すると「お客様に対して、自分だけが約束できる価値の提案」を指します。言い換えると、「お客様の購入理由となる、特徴的な利益を表すメッセージを明確に表現すること」になります。決して難しい考え方ではありません。同氏が定義した、いいUSPの条件とは次の3点です。

USPの条件

・あなたの提案（商品・サービス）で受け取ることができるお客様の利益（メリット）が明確であること
・その提案は他者が提供できない（提供していない）独自のものであること
・その提案は強力・魅力的であること

この考え方はインターネット副業にかぎらず、ほとんどのビジネスで有効です。本業でも競合他社や仕事仲間との関係性の中で使うことができます。ライバルが真似できない、あなただけの価値を提案することができれば、競合他社を恐れる必要がなくなります。

商品やサービスが競合してしまうのであれば、購入後のフォローやサポートを充実させるなどのサービスで、差別化を図らなければいけません。「なぜ、あなたから買うことが最善なのか？」をお客様に訴えていくことができるUSPを考え出し、明示することで、お客様の購入意欲を高める必要があります。お客様にかぎらず、読者や視聴者も一緒です。

ナンバーワンであることではなく「オンリーワンであること」こそが、商品を売る、ファンを増やすにあたり最重要なポイントです。

USPを考えることにコストは必要ありません。自分の得意分野ややりたいこと、お客様にとってのメリットはなにかを、ひたすら考えましょう。とはいえ、なにもないところからUSPを作り出していく工程はとても大変です。あなたの経験を基に、どうやって独自性の高いUSPを作り出していくか、その手順をお伝えします。

「組み合わせ」で独壇場を作る

セミナーなどで「あなたの独自性はなんですか？」という質問をすると、「自分には人に自慢できるような特技などありません」という返答をする人が多いのですが、決してそんなことはありません。

あなたには絶対に人とは違った部分があるはずです。単に忘れているだけです。

① 自分のことを書き出してみる

「人とは違った部分」を思い出すために自分史を作ってもいいでしょう。好きなこと、逆に嫌いなことをノートに書き殴ってもいいでしょう。

この「書き出す」作業の注意点として、「書き出すこと」に集中してください。「こんなこと使えないよな…」と勝手に判断して書き出さないことはNGです。判断するのは次のステップなので、まずは自分の好きなこと、得意分野をすべて外部に保存しましょう。

② 判断と分類

次に行なうのが、「判断と分類」です。思うままに書き出した自分の中の要素を、いくつかのジャンルに分けて分類しましょう。

参考までに、私は「情報発信」「副業」「出版」「マーケティング」「地方創生」「人事」「スマートフォン」「アイドル」「筋肉」の９つです。情報発信はインターネット発信がメイン、副業については15年以上かかわっています。出版についても約40冊の著書や監修書があります。情報発信を突き詰めるに伴ってマーケティングの知識も必要になり、発信に困っている地方自治体のPRの仕事もするようになりました。私は会社員時代に７年以上人事担当の経験を持っており、約２万人を面接しています。会社員を辞めてインターネットで生活できるようになったのは、スマートフォンのブログがきっかけです。なお、アイドルと筋肉は趣味です。

③ 組み合わせる

このように項目分けすることで、どの分野に自分が秀でているのかを目視化することができます。しかしながら、１つだけの分野で勝負しようと思ってはいけません。なぜなら、上には上がいるからです。

たとえば私は一時期、月間100万アクセスを超えるサイトを３つ運営していましたが、Yahoo! Japanだったらそんなものは数分で達成してしまう数値です。インターネット副業でも、私よりも収益を出している人はたくさんいます。SNSの解説を見ても、徹底的に使いこなせる人から見たらフォロワー数も大したことはありません。上には上がいるのです。

しかし、これらを全部つなげて話せる、解説できるのは私だけです。総合的に解説する必要がある分野まで持ち込めば私の独壇場なわけです。３流では困りますが、決して超１流である必要はありません。1.5流レベルを組み合わせることで、自分だけの「場」を作ることができるのです。

Chart 07

著者の得意ジャンル組み合わせ

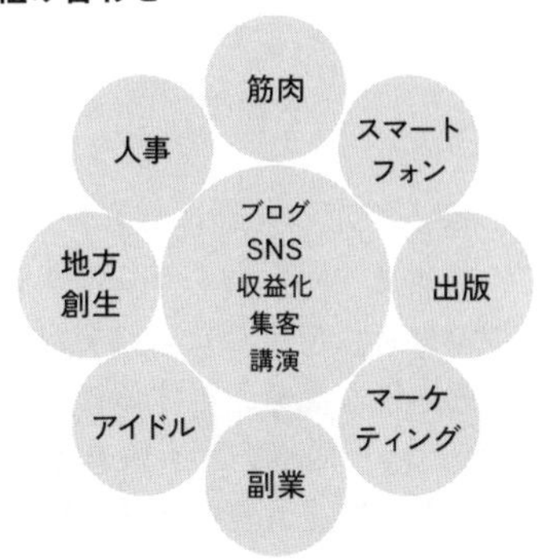

「ウサギとカメ」というおとぎ話があります。足の速いウサギと足の遅いカメが競走をし、最終的にはゴール前で怠けたウサギを一生懸命歩き続けたカメが追い越して勝利する話です。これはおとぎ話なので、実直にがんばり続けたカメが勝ちますが、現実社会は働き者のウサギばかりです。ゴール前で怠けるような実業家はいません。もし私がカメだったら、地上でウサギと競争するようなことはしません。すぐ池に飛び込んで、池の中で勝負します。なぜなら圧勝できるからです。これが独自性であり、独壇場を作る意味です。

1つの強い軸をベースに、組み合わせによって自分だけの侵食されないポジションを作っておくことで、副業でも本業でも「あなたにお願いしたい」という環境を維持することができます。

1.5流への組み合わせ方

さて、1つの軸のレベルを上げ、さらに複数のジャンルに広げていく必要があると書きましたが、なにから手をつけていいのかわからないと不安になる人もいるでしょう。大手IT企業の人材育成方法で「T型社員を目指す」という話があります。Tの横軸が知識の幅で、縦軸が知識の深さです。まずはT型社員を増やしていき、そこから2つ目の深い軸を作り「π（パイ)」型にしていく話です。これは自己成長の手順として参考になる考え方です。

I型人材と一型人材

「I型人材」は、いわゆる特定の分野に詳しい、「専門家／スペシャリスト」を指します。開発者や研究者がここに属します。旧来のビジネスシーンでは、1つの分野に特化した人材を育てることによって技術の進歩を図ったり、効率性を高めたりする傾向がありました。

説明の流れ上、「一型人材」についても触れますが（あまり一般的に使われない言葉ですが)、要は知識や経験の幅が広いゼネラリスト型の人材を意味します。なんでもできると言えば聞こえはいいですが、表面的な知識だけだと役に立たないので注意が必要です。

T型人材

1つの強力な得意分野を持ちつつ、周辺の知識や経験も押さえているという意図が「T」という形状に込められています。

1つの分野を極めてから周辺の知識を得ていってもいいですし、幅広く知識を得てから自分に最適な分野を深掘っても構いません。これについては向き不向きがあるので、自分がどちらのタイプなのか認識した上でスタート地点を決めましょう。

とにかく深さと広さを意識して行動することが重要です。

Π型人材

この「Π型」とはTにもう1本、スペシャリティな分野を増やした人材という意味です。近年ではこのΠ型人材が求められています。

単純な事例を挙げると、20年前であれば英語が堪能であればそれだけで重宝されましたが、現在ではさらにIT知識や金融工学知識が求められるということです。グローバル化によって、1つだけの強みでは生き残っていけない時代になってきたわけです。

Chart 08

I 型、T型、П型のイメージ

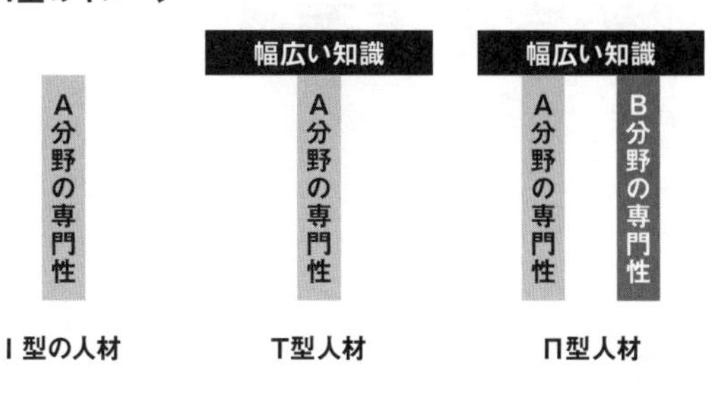

冊型人材

追加でもう１つ解説します。おそらく「冊型人材」などという言葉はないので、あくまでも形状のイメージとして読んでください。ネーミングの意図としては、「３～４本の強みを身につけましょう」ということです。スペシャルな分野が３つ４つあればどんな環境になっても生き残っていける（稼げる体質である）ことからです。

そして、さらに重要なのが横串です。複数の分野で深い知識があれば、それらを組み合わせて新たなサービスが生み出せる可能性も高まります。いわゆるイノベーションです。このイノベーションは、起こすだけでは意味がありません。発生させたイノベーションを継続させる（維持する）ことがビジネスとしての成功です。閃きを事業として確立するために、複数の強み（独自性）が必要になります。

Point

自分の中の1.5流レベルを組み合わせることで「独自性」が生まれる

#02 価格設定の重要性

値決めは難しい

副業にかぎらず、なにかしらのビジネスをはじめる際に必ず悩むのが提供する商品やサービスの値段です。

「ブログ・ウェブサイト運営による広告収入型副業」であれば、料金（広告手数料）はプラットフォーム側が決めてくれるので値段設定に悩むことはありませんが、運営を続けていくと記事広告の価格を交渉したり、あなたのスキルを活かしたサポート代金を設定したりと、早かれ遅かれ価格設定をしなければならない状況になります。とはいえ、自分の商品を値づけしたことがある人は決して多くありません。

価格設定の際に多くの人が抱える悩みが次の3つです。

価格設定での悩み

・こんな高い価格にして売れるのだろうか？
・私レベルの指導力で、こんな金額を提示していいんだろうか？
・値段を安くし過ぎて消耗したらどうしよう

私もそうでした。というか、今でもそうです。値決めは難しいものです。

少し気が楽になるかもしれないので先に言っておきますが、**残念ながら価格とサービスの質に相関関係はありません。**安くても売れない商品もあれば、高額なのに飛ぶように売れる商品も存在します。

「なんであの人はあんなにつまらない商品に29万8000円も払ったんだろう？」などと思ったことはありませんか？　売れる商品は見せ方が上手で、積極的に情報発信を行ない、そして購入者を巻き込んでさらに知名度を上げていきます。売れない商品はその逆です。

値段を決める際に一番注意しておくポイントは、お客様の利益が最大限になるよう設定するということです。自分が儲けたいからという気持ちで値段設定をしてはいけません。

もちろん、ただ単に値段を安くしろと言っているわけではありません。値段が高くても、商品を使うことによってお客様の利益が最大化すればいいわけです。

ブランドや宝飾品などはまさにこの典型で、価格以上の価値をお客様に提供しています。それは商品の品質かもしれないですし、ブランドを持っているという利用者の満足感かもしれません。人気ブランドはこれらの要素を究極的に高めているからこそ、お客様は高価でも納得して購入するのです。ブランドの正規店が値引きをしない理由は、提供する商品の価値を守っているからなのです。

なお、トラブルが発生するのは販売したあとです。商品・サービスの質が価格に見合っていなければクレームになり、対応を誤ると炎上していくわけです。

適正価格を決めていくためには？

では、適正価格を決めていくにはどうしたらいいのでしょうか。考え方のヒントとして2パターンあります。

・原価から逆算する

1つ目は**原価から逆算する**パターンです。商品の単純な原価はもちろんですが、そこに関連する人件費や会場費、広告費、カード決済手数料、サーバー維持費などの想定販売管理費を上乗せし、最後に利益をプラスする方法です。利益率は20%の人もいれば50%の人もいます。

ニッチな商品でライバルが少ないが顧客の数も少ない。しかしながら、その商品を求めるのは熱狂的なファンがほとんどなのであれば、価格を高く設定して1回の販売における利益額を大きくする必要があります。逆に類似品を取り扱うショップも多く、顧客数も多い商品であれば、ライバル店に価格競争で負けない低い利益率を設定する必要があります。

・独断で商品の価値を決める

2つ目のパターンは、あなたの**独断で商品の価値を決めてしまう**やり方です。

「この商品は5万円」と信念と覚悟を持って決めてしまうのです。あなたからしか買えないオリジナリティの高い商品やサービスを取り扱っていれば、競合相手はいないため価格は自由に設定できます。

お客様はあなたの理念に賛同しており、自分のことをより良くしてくれる可能性のある商品だと思えば、値段に関係なく購入します。この価格の決め方はお客様の満足度を高い位置で維持していく必要がありますが、強固な信頼関係が構築されているかどうかの1つの指標となりますので、機会があればぜひ試験的に導入してみてください。

値づけの勇気とルール化によるメリット

ルール化することによって、価格設定で悩んで時間を浪費することもなくなりますし、気にしすぎてメンタルを消耗することも避けることができます。余計なエネルギーを使わなければ、それだけ作業時間や考える時間に充てられます。

私は次のルールに沿って、見積金額を決めています。

金額決定をルール化する

- 日給／時給としていくら必要（ほしい）か決める
- 単発型か長期運用型かを判断する
- 工数（どれだけ時間がかかるのか）を把握する
- 「追加要望が来そう」「上司の理解度が低そう」などのなにかしらの不安を感じたら2倍の値づけをする
- つまらなさそうだったら受けない
- 面白そう、応援したいんだけど予算がなさそうなら半額でも引き受ける

値づけというのは、あなたがいくら必要なのかを認識しておくことが重要です。「1日5万円」と決めたら、淡々と提示すればいいだけです。運用サポートまでやるのであれば、初期費用を安めにして、月々のメンテナンス費用を計上して、総額で希望金額になればいいわけです。

「要件定義が曖昧だな」「追加作業が出そうだな」「担当者と上司で意見が変わりそうだな」と思ったら、ルール通り価格を2倍にすればいいだけです。応援したいプロジェクトだなと思ったら、値引きしたっていいのです。場合によってはボランティアで協力してもいいわけです。

値段が高くても買う人は買いますし、安くても買わない人は買いません。
とくに見込み客が法人であれば、お金を支払うのは会社なので、自分が満足いく見積もりを出しましょう。

ルール化すると価格設定は本当に悩まなくなるので、ぜひ試してみてください。あとは慣れです。

価格改定（値上げ）のタイミング

長い期間、サービスを展開していると、当初の金額では対応できないと感じたり、サービスが充実してきてもっと高い価格でもいいんじゃないかと思ったりするようになります。それは普通のことです。

そんなときが値上げのタイミングです。

私のコンサルティング価格は、最初（トライアル期間）は30分5000円でした。その後、最低ラインを１時間１万円にし、１時間２万円を経て、現在は３万円になっています。

オンラインサロンの１期生価格は月額4320円でしたが、2017年５月に２期生の募集を行ない月額6480円に値上げしました。さらに2019年10月の消費増税に合わせて３期生の価格を月額7700円に設定しました。

自分の能力やサービスの価値が向上したと思ったら、積極的に値上げしましょう。払えないという人は顧客から外れてしまいますが、また違ったレベルの顧客と出会うことができます。

ただし、リピーターに関しては、最初にセッションを受けた時間単価で再度受けられるようにしています。5000円で個人セッションを受けたことがある人は、永久に同価格でサービスを受けられる権利があります。それは先にトライしてくれた人のメリットを維持するためです。オンラインサロンも１期生の価格は維持したまま、２期生以降の価格を上げています。

私の値づけの特徴は**今が一番安い**です。早い時期に自分のことを信じてくれた顧客の利益を守ることは非常に重要です。私はそう思っています。

とはいえ、いきなり「値上げします！」と言って価格を上げるのは不親切です。せめて２週間～１か月程度の猶予を設けましょう。ギリギリになって駆け込みの申し込みが増えるはずです。

値上げは迷っている人の背中を押してあげる善意

それでも値上げを迷っている人にひと言だけ。それはこの項目の見出しになっている「値上げは迷っている人の背中を押してあげる善意」という言葉です。

人間は「得をしたい」という願望とともに、「損をしたくない」という想いも強いです。「２週間後には値上げして募集開始しますよ」と投げかけることで、「今申し込まないと将来的に損だ」という感情を刺激するわけです。

価値の項目で「希少性」の解説をしましたが、これは応募期間を狭めるという形の希少性のアピール方法です。人間はなかなか決められないのです。そこに時間という制限をかけてあげることで行動に移せる人もいます。

東京ディズニーリゾートやユニバーサル・スタジオ・ジャパンの戦略も同様です。ご存知の通り、どんどん値上げしています（ディズニーのコロナ禍での値下げやUSJの価格変動制導入による一部値下げを除く）。それは自分たちが提供している場の価値に自信があるからです。

人気のテーマパークは常に過密状態です。１つのアトラクションに乗るのに２時間待ちなんて当たり前です。

しかし、値上げすることによって行列時間が減ったら、来場者の満足度は上がります。来場できなくなった人の満足度は下がるかもしれませんが。

乱暴な単純計算ですが、次のような形であれば営業数値的には一緒です。

フリーパス5000円 × 来場者100万人
フリーパス１万円　× 来場者50万人

レストランやおみやげの売上などは考慮に入れてないですが、おそらくこのかけ算＋α（レストラン代＆おみやげ代）の数値が最大値になるまで値上げし続けるでしょう。

ここでなにが言いたいかというと、独自性の高い価値を提供しているのであれば、値づけは自由だということです。安いことが正義ではありません。その辺りも考えながら、サービスの値段を考えると面白いです。

値下げするにも納得できる理由が必要

私は基本的に安易な値下げを推奨していませんが、社会環境を鑑みながら検証するのは大切です。

なぜ安易な値下げを推奨していないかと言うと、「単に売れないから値下げした」と思われてしまう危険性があるからです。それはあなたのブランドイメージを毀損します。ルイ・ヴィトンやカルチェのような伝統あるブランドが大々的に値下げをしているのを見たことがあるでしょうか？　値下げをしないということは希少性の維持のためにも重要です。

ただ、値下げをしないということに固執しすぎてもいけません。理由や理念がしっかりしていれば値下げは顧客を喜ばせることが可能です。

実は私の運営するオンラインサロンの月会費を2020年２月に値下げしました。１期生は4320円を3300円に、２期生は6480円を5000円に、３期生は7700円を6000円にそれぞれ約20％値下げしました。

なぜかというと大きな要因は２つあります。

１つ目の理由は現実的なコストダウンです。私は毎月セミナーを開催するためにそれなりの金額でセミナールームを借りていましたが、オンラインセミナーに移行した結果、会場費という大きなコストがなくなりました。その浮いたコストをメンバーに還元したのが１つ目の理由です。

２つ目は理由というほどでもないのですが、「大変なときほど知識や経験を得てほしい」という私の勝手な想いです。この厳しい環境下で少しでも多くの人に参加してもらいたいと考え、既存のサロンメンバーの了承のもと値下げを行ないました。

価格設定に１つの正解はありません。いろいろと試行錯誤しながら、自分のサービスに最適な値づけを行ないましょう。

Point

値づけは自分の中でルール化することで、ストレスがなくなる

#01
本業と両立して続けるために必要なこと

時間の融通が利くと同時に、自己管理能力が必要

今までインターネット副業の必要性とメリットについて解説してきましたが、もちろんメリットがあればデメリットも存在します。本項ではインターネット副業におけるリスクと、そのリスクを軽減させるための方法を解説します。

企業が副業解禁に消極的である一番大きな理由が、本業への影響です。誰もが1日24時間というかぎられた時間の中で生活しています。副業に注力するあまり、本業が疎かになっては誰も幸せになりません。

インターネットを活用した副業は、働く場所と時間を選ばないという点が大きなメリットです。逆に言えば、自己管理能力が非常に重要になります。働こうと思えば睡眠を削ってでも作業をすることが可能ですし、やる気が出ないという理由でなにもしないというのも本人の自由です。自分の裁量にすべて委ねられているわけです。

本業と副業を両立させるためには、「目的意識」と「時間管理」、そして「健康管理」を意識する必要があります。目的意識が希薄な副業は長続きしません。本業が忙しければ忙しいほど、副業は後回しになっていきます。副業にかぎらず、新たな取り組みでいきなり成果を

生み出せる人はよほどの天才でしょう。大多数の人は日々の積み重ねによって経験を積み、知識を得て、実績を上げていきます。

基本的に、副業は本業の勤務時間外での活動がメインになります。ですから、自分のキャパシティと業務スピードをしっかりと認識して、無理のない形で副業に取り組むことが大切です。

新たなチャレンジはテンションが上がっているので、自分の処理能力以上のことをやりがちです。短期間であれば多少の無理は利くかもしれませんが、長期に渡って120％の力を出し続けることは困難です。処理能力ギリギリまで詰め込むのも危険です。必ず余裕を残しておきましょう。

結果を出し続けるためには無理のないペースが大切です。全速力で42.195kmを走れる人はいません。ペースを守って、着実に歩みを進められる人が副業で成果を上げることができ、さらに複数の業務にチャレンジできるのです。

「なぜ副業に取り組むのか」という目的を決め、自分の限界を知り、ルールを定める。この３つのポイントを意識することで、長期に渡って副業を継続することができます。

すぐに成果が出るわけではない

インターネット副業は金銭的リスクが少ないという参入障壁の低さが利点ですが、障壁が低い分、結果が出ないとすぐに飽きてしまいやめてしまうことも多いです。大きな資金を投下してお店を構えたのであれば成功するまでがんばろうというモチベーションにつながりますが（それはそれで取り返しがつかない場合もあるので問題ですが）、インターネット副業は低コストではじめられる分、「ちょっとやってみたけど全然儲からないし、5000円の損だったら別にいいか」という気持ちになりやすいのです。とくにお金を目的にすると、すぐに挫折する傾向が多いです。なぜなら、すぐには稼げないからです。

ブログ（アフィリエイト）を活用した副業について、日本アフィリエイト協議会が調査した「アフィリエイト市場調査2019」には次のようなデータが掲載されています。

・月額アフィリエイト収入……月３万円以上が 6.6%、
　月 1000 円未満が 70.2%
・アフィリエイト経験年数……５年以上 48.6%
・月額収入と作業量・経費の関係
　月額 1000 円未満……１日の平均作業時間 1.0 時間
　月額経費 0 円
　月額 10 万円以上……１日の平均作業時間 3.8 時間
　月額経費１万円以上３万円未満

アフィリエイトは誰でも簡単に稼げるわけではなく、「時間と労力をかけ、しっかりと運営・管理している人ほど、高い収入を得られる傾向にある」という点が上記の市場調査によって示されています。

アフィリエイト市場調査 2019
https://www.japan-affiliate.org/news/survey2019/

インターネット副業で成果を出すためには、最低でも半年は行動し続ける必要があります。だからこそ、自己管理が重要になってくるのです。

副業時間の捻出は生活のスケジュールを見直すことで生み出すことも可能です。１日の中で、無意識に浪費している時間がないか見直してみましょう。なんとなくテレビを見ている、ゲームをしているという時間を作業時間に変換することで数十分の時間を生み出すことはできます。つき合いで会社に残っているだけの意味のない1時間の残業時間を定時上がりにすることで、週に5時間生み出すことができます。過酷な通勤ラッシュの通勤時間を早朝にずらすことで、落ち着いて情報収集をしたり、実際に作業を行なったりすることも可能です。自分のスケジュールを見直すことで、意外と思えるほどの時間を創出することができます。

ただし、いくら活動時間を増やしたいと思っても、睡眠時間や本を読むなどの学習時間は絶対に削らないでください。睡眠時間を削ると頭がまわらなくなりますし、なにより健康によくないです。また、学習時間は自分の根っこを鍛えるのに最重要となる時間帯なので、逆に増やせるように調整してください。学習というと堅苦しく感じるかもしれませんが、要は新しい知識・経験を得るための行動のことです。

そして行動を習慣化させるために、毎日のルーティンと紐づけることも有効です。たとえば、朝食を食べる前に30分だけ作業をする。ランチを食べる前に作業をする。自宅に帰って来たら、お風呂に入っているときに（防水の）スマートフォンで情報収集をする、ランチは必ず写真を撮る、通勤時間に記事のアイデアを考えて下書きするなど、毎日発生するなにかと一緒にしてしまうことで続けやすくなります。

ちなみに私は会社員時代、「銀座ランチガイド」というブログを運営していました。勤務地が銀座エリアでなおかつ内勤だったため、銀座で毎日ランチを食べています。そのランチを単に食べるだけで終わらせるか、写真を撮影し、おいしそうに伝わる感想を考えてブログに掲載するか、副業として成立するのがどちらかは一目瞭然です。

このブログを開始したことにより、自分の活動領域が広がり、経験が増え、同僚に美味しいランチの場所を聞かれるようになり交流が増えました。具体的には私と同様に銀座エリアのランチスポットを探している人たちが読者となり、広告がクリックされることにより日々のランチ代ぐらいは稼げるようになりました。
　自分の経験が誰かの役に立ち、結果として報酬が生まれたわけです。

　生活習慣を変えていくのは楽なことではありませんが、1か月も続けていけばそれが普通になってきます。がんばって続けてください。

Point

最低でも半年は行動し続ける必要がある

#02

バズと炎上

バズらせようとする意識に意義がある

自分の発信した情報をたくさんの人に読んでもらいたい、バズらせたいと思っている気持ちの一方、炎上したらどうしようという不安を持っている人も多いでしょう。

安心してください。基本的に、読者のためになる情報を発信していれば炎上することはありません。本項ではいいバズ、悪いバズ（炎上）の違いや、バズらせるために必要な要素、炎上の原理について解説します。

実は偶然のバズであれば、ある程度の期間、情報発信をしていれば誰でも経験できます。それが、意図してバズらせることができるようになったら、技術に昇華されるわけです。

もちろん、狙ったことがすべてうまくいくとはかぎりません。しかし、「バズったらいいな」と祈るのみで発信するのと、「このテクニックを仕掛けたのでバズる可能性がある」と仮説を立てて、実験し、結果を検証していくのとでは、結果として同じアクセス数を生み出したバズでも、内容的にはまったく違います。

偶然バズったというのはあくまでも結果論で、技術として身についているわけではありません。

もちろん、狙っていてもスベることなんて日常茶飯事です。私がどれだけバズらせようとしてスベってきたか、数知れません。しかし、その経験自体に意味があるわけです。

そもそもバズってなに？

バズとは「SNSなどで話題になり、その情報が広く拡散されていく現象」を指します。ここでいうSNSとは「Facebook」や「Twitter」を指します。

私はバズには２種類あると思っています。それは、単純に「いいバズ」「悪いバズ」です。いいバズとは「公開した情報が起点となってポジティブなシェアが連鎖的に発生したり、問題提起となって前向きな議論を生み出したりする現象」です。悪いバズとは「公開した情報が起点となってネガティブなシェアが連鎖的に発生し、批判や反論の制御が利かなくなる現象」と私は定義していて、「炎上」とも呼ばれます。

炎上の原理

炎上は、次の３つのポイントを押さえておけば比較的簡単に引き起こすことができます。

① 大多数へ向けての問題提起を行なうこと
② 主張は強く（過激に）、論証は乏しいこと
③ 自らが体現できていないこと

① 大多数へ向けての問題提起を行なうこと

１つ目は、たとえば会社員が大多数のこの日本で「サラリーマンは将来真っ暗だから早く辞めて自分で仕事を作れ」と声高に叫ぶ。

現在の日本は会社員が大多数です。そのような環境の中で、自分の仕事（立場）を真っ向から否定されたらムカッとしますよね。しかし、単なる一個人の主張なので、まだそれだけならいいのです。火種に油を注ぐためには、残りの２つの要素も加えなければいけません。

② 主張は強く（過激に）、論証は乏しいこと

２つ目のポイントは、「主張と論証のバランスが取れていない」という点です。

主張が強ければ強いほど、それを補完するだけの論証を提示しなければいけません。たとえば、過去３年分のデータを収集して、給与の変遷をグラフ化してみる。脱サラしてうまくいっている人、うまくいっていない人のインタビューを載せてみる。この証拠の根拠が弱ければ弱いほど、読み手側は「それ、あなただけだよね」という意識になり、火種が大きくなるわけです。

③ 自らが体現できていないこと

３つ目のポイントは、簡単に言うと「お前が言うな」という感情です。

上記のようなことを会社員として実績を残している人、成果を残している人が言うと不思議なことに第三者は納得しやすいです。ただ会社勤めもしたことがない人やあるいは短期間で退職している人が言うと反感を買います。だから、社会人経験が浅い若い人が会社員をバカにすると、大きく燃え上がる傾向にあります。

「炎上させたいのであれば、大多数の反感を生むような過激な発言を、裏づけなしで声高に主張して、影響力の強い人の目に留まるように拡散すればいい」わけです。

同じことを伝えるにしても言葉を選ぶだけで印象は大きく変わります。

「会社員として15年間勤めてきましたが、最近退職して、フリーライターとして自由な働き方を模索するようになりました。会社員時代の安定性に比べると、月々の収入は変動しますが、自分のペースで、得意な仕事に取り組める、現状の働き方のほうが自分には合っています。『働く』ということは、会社員として勤務することだけが答えで

はないということを、このブログで伝えていきたいです」

というのは炎上するでしょうか？

「自分は両方の働き方を経験し、結果としてフリーランスを選びました。あなたもどうですか？」というメッセージは提案です。強要ではありません。このぐらいのニュアンスであれば同調してくれる人は多いでしょう。

「会社員はクソ、フリーランス最高」という極端な発言をすれば、たしかに目立って、よくも悪くも拡散されることでしょう。しかし、それはあなたが本当に伝えたいことでしょうか？　その辺を考えて使う言葉を選ぶことで、丁寧に真意を伝えることができるようになります。

商品やサービスの比較も一緒で、ライバルを貶した時点で卑屈な人間に映ってしまいます。営業を経験したことがある人はわかるかと思いますが、「B社さんの商品もいいですが、うちは○○にこだわりがあって、ここはB社さんにはないサービスなんですよね」と、相手を讃えつつも、自社のよさを伝えるのが上手な営業トークです。

このような伝え方を意識しながら情報発信をしていけば、信頼できる仲間ができます。少なくとも炎上が起きることはありません。

バズを起こしてなにがしたいのか

なにをするにしても、目的がしっかりしていなければ意味がありません。

ただアクセス集めを狙いたいのであれば、炎上でも構いません。しかし、本書を読み進めてくれているあなたは、「情報発信者としての信頼度を向上させたい」とか「個人のブランドを構築したい」「副収入を得たい」「自分（クライアント）の商品やサービスを販売したい」などの目的があるはずです。そうなると、「読み手に悪い印象を与える炎上は好ましくない状態」となるでしょう。

自分自身や製品に対してポジティブな印象を持たせたいのであれば、いいバズを「狙って」巻き起こす必要があります。そのためには中身の濃い、信頼度の高い記事を発信しなければなりません。

SNSで影響力を持つ

強いコンテンツができたら、SNSで共有することで情報の拡散スピードを速めることができます。そのスピードは、自分のSNSの影響力の強さに応じて変わってきます。

であれば、影響力のあるアカウントを育てるという観点が重要になってきます。

コンテンツの質とSNSの影響力は両輪です。どちらか一方が強いだけでもそれなりの結果にはなると思いますが、両方が強くなることで指数関数的に拡散力は増加します。意図してバズを狙うのであれば、SNSのパワーも強めていく必要があるわけです。

しかし、最初からSNSで影響力を持っている人などいないので、最初は影響力の強い人と仲良くなるというやり方もあります。打算的に感じるかもしれませんが、先人の発言などを学ぶことで、自分の能力の底上げもできます。一歩一歩少しずつ影響力を高めていけばいいのです。

Point

いい拡散は「バズ」、
悪い拡散は「炎上」

#03

無知と怠惰は騙される

悪質な業者、商材に騙されないためには自己防衛しかない

前Partまで副業のメリットや、スキルアップ・人脈構築の大切さについて述べてきましたが、残念ながら前向きな話ばかりではありません。副業をはじめたばかりの頃によくはまりがちな「落とし穴」があります。

インターネットを使った副業の一番のメリットは、「金銭的リスクが小さい」という点ですが、なぜか高額のセミナーに参加させられていたり、高額な入会金を支払っていたり、技術力のかけらも感じられないウェブサイトを相場の何倍もの金額でお願いしていたりする人が絶えません。その裏には、「楽して」「こっそり」「稼ぎたい」という心理が働いているのだと思います。

ここから、「落とし穴」と「騙されないための思考力」について詳しく解説します。

落とし穴の代表的なものが、「副業詐欺」「在宅ワーク詐欺」です。起業したばかりの経営者にも似たような環境は現れます。経験の浅い、知識の少ない人から詐取しようとしている人間が一定数存在するということを認識しておく必要があります。とはいえ、注意さえしておけば恐れることはありません。

独立行政法人国民生活センターでは、2009年に、「アフィリエイト

やドロップシッピングに関する相談が増加！ ―『簡単に儲かる!?』インターネットを利用した“手軽な副業”に要注意 ― 」という注意喚起文を出しています。10年経った今でも同様の相談が絶えません。昔から情報弱者をターゲットにした副業詐欺は存在しています。
次の２点が副業詐欺の典型的なパターンです。

- **「必ず利益になる」「月収○万円は確実」など利益を保証するかのような勧誘を行なう**
- **ウェブサイトの作成などに高額な費用がかかる**

アフィリエイトやドロップシッピング自体は単なる販売システムの総称で、そのシステム自体に善悪はありません。包丁と一緒で、職人が素晴らしい料理を作るための道具になるのか、人を傷つける凶器になるのかは使う人次第なのです。
悪質な業者・商材に騙されないためには、自己防衛しかありません。知識をつけて、怪しい話には同調しない。ただこれだけで避けることが可能なのです。「話を聞いてみたらなんか儲かりそう」「みんなサインしているし自分もちょっとだけやってみよう」といった思考停止状態になってしまうのが危険なのです。

騙されないようにルールを設ける

「うかつに騙されないためには知識をつけよう」と書きましたが、自分の中でルールを作っておくことも効果的です。私は副業詐欺に遭わないために、次のルールを設定しています。

副業詐欺に遭わないためのルール

- 勉強会やセミナーは数千円のもので十分
- 高額な初期投資は必要ない（とくにインターネット業界）
- 無料イベント参加後に高額教材（スクール）をセールスして

きた時点でアウト
- 「誰でも簡単に稼げる」や「ほったらかしでOK」というフレーズが出てきた時点で詐欺
- セミナーや勉強会で知り合った人間を信用しすぎない
- 10万円以上の高額セミナーに参加するなら、同じジャンルの書籍を同じ金額分買って読む
- あえて高額セミナーに参加するなら、自己責任で費用以上の学びを得ると覚悟を決める
- 本、パソコン、カメラといった手元に残るものは必要経費

ビジネスをするなら「ホームページは必要じゃないか！」と思われる人もいるかと思います。もちろん、ホームページはあるに越したことはありません。ここで言いたいのは、**「高額な」初期投資は必要ない**ということです。ほとんど面識すらない業者にいきなり50万円、100万円を支払ってホームページを作る必要がないのです。

インターネット上には無料で利用できるサービスが数多くあります。それらを利用すれば、利用規約を守る必要はありますが、無料で自分のブログやウェブサイトを制作することが可能です。

書籍で勉強して、URLを取得し、サーバーを借りて自分でウェブサイトを作った場合、年間経費は1万円ほどで済みます。オンラインショップを運営する場合でも、初期投資0円で利用できるサービスは複数あります。知識さえあれば無駄なお金を使う必要はありません。

油断しているといつの間にかお金は減っていきます。本業で稼いだ資金を有効に活用し、副業によってさらなるチャンスにつなげるために、余分なお金を流出させるのはできるだけ避けましょう。

高額を支払う前に

高額な勉強会に参加する場合、その場の勢いで申し込まず、しっか

りと内容を吟味して参加するかどうかを決めましょう。とくに「誰にでも」「楽に」「稼げます」というようなフレーズを多用している勉強会は要注意です。

そのような勉強会や塾を運営している人は、人間の射幸心を煽るのが非常に上手なため、セールスページ内での訴求がとてもうまいです。大概にしてそのようなセールスページには自分の運営しているブログやウェブサイトは掲載していません。掲載してしまうと簡単に真似されてしまう可能性が高いからです。簡単に真似されるということは、その手法を利用したブログなどが氾濫し、すぐに価値のない情報になってしまう可能性が高いわけです。

お金の使い方をしっかりと考え、自分自身の力を向上させるという点にフォーカスして、かぎられた資源を有効活用していきましょう。

それでも人間は騙される

ここまでしつこく言い続けても人間は騙されます。騙されるというか、そのときはなぜかいいと思ってお金を払ってしまうのです。旅行先でいいと思って買ったアロハシャツがタンスの肥やしになっているのと一緒です。私も経験があります。

私は「小さく騙される練習を積んでください」とよく言います。1万円以下だったら、いい勉強だったと思って前を向いてください。その経験は必ず役に立つ日がやってきます。少なくともブログのネタになります。

Point

「高額な」初期投資は必要ない

#04 著作権や肖像権の侵害に気をつけよう

ルールを守ることで安心して取り組める

インターネット副業にかぎった話ではありませんが、副業に取り組むにあたって一定のルールを守る必要があります。ルールと言っても堅苦しいものではなく一般常識的なものばかりです。ただし、気づかぬうちにルール違反をしているケースもあるため、理解しておきましょう。

「自分だけならやっても大丈夫」とか「ちょっとくらいなら違反してもどうせバレないだろう」とコソコソしながら副業をするのではなく、自分は多くの人に価値を提供しているのだと胸を張って発信していきましょう。

著作権侵害

情報発信するにあたって、必ず頭に入れておかなければいけないことの１つに、「著作権」があります。

第三者が運営するブログやウェブサイトの文章や画像、音声などを勝手に取得して、自分の運営するブログに掲載した場合は著作権の侵害となります（許可を得ている場合は除きます）。

もちろん、インターネット上の情報だけでなく、雑誌などの紙媒体に記載されている記事や、テレビの映像などをインターネット上にそのまま掲載しても著作権の侵害となります。

インターネット検索で表示された文章や画像はあなたのものではありません。悪意はなかったとしても、著作権の保持者から画像使用料などを求められたら支払い義務が生じ、場合によっては訴訟になる恐れもあります。

インターネットで発信する際は、自分の頭を使って、自分自身の言葉で文章を書くことは必須です。

画像を使いたければ自分が撮影した写真や、無料で利用可能なフリーの写真素材サイトを利用しましょう。インターネット上にはフリー素材を提供しているウェブサイトは数多くあります。

ぱくたそ　フリー写真素材・無料ダウンロード
https://www.pakutaso.com/

いらすとや
https://www.irasutoya.com/

これらのフリー素材提供サイトでは、数多くの写真素材やイラスト素材が無償で提供されています。記事の内容に適合した写真を挿入することで、読み手の理解力を高めたり、イメージの補完をしたりすることが可能となります。

「引用」を活用しよう

著作権法第三十二条には「一定の条件を満たせば」、公表されている著作物を自由に引用できると明記されています。

この「一定の条件」というのは大きく分けて次の６つに分類されます。

1. 引用を行なう「必然性」がある

→その引用がなければ文章（記事）が成立しない。

2. 自分の文章が「主」、引用部分は「従」である

→引用はあくまでも補足的情報で、主となる内容は自分のオリジナルの文章である。

3. 引用部分は他の部分と区別されている

→カギカッコや斜体等で、どこからどこまでが引用か区別されている。

4. 引用部分を改変していない

→引用した文章を勝手に編集してはいけない。

5. 出典が明記されている

→誰が書いたなんという文章かの出所を明らかにしている。ウェブサイトであれば記事タイトルとURLが該当。書籍であれば著者名、書名、出版社、出版年の明記。雑誌であれば、雑誌名、号数、出版社、出版年、引用箇所の掲載頁を明記することが好ましい。

6. 正当な範囲内である

→適切な量を使用し、引用しすぎてはいけない。

このようにルールさえしっかり守れば、参考となる文章を掲載することは法的に認められているため、有益に活用しましょう。

楽曲の歌詞の引用について

歌詞も文章と同様に著作権が存在し、無断で別の媒体に掲載することは著作権法に違反します。ただし、引用のルールに沿っていれば利用可能です。

なお、歌詞の使用については、JASRAC（一般社団法人日本音楽著作権協会）に許諾を取り、使用料を支払う形が一般的です。許諾は簡単に取れるようですが、コストがかかります。あるいはJASRACとの包括契約を結んでいるサービスを利用するという形式もあります。

動画の場合はニコニコ動画、YouTubeが該当します。プロモーションビデオ、ミュージックビデオをそのまま掲載する行為は肖像権等の侵害になるのでNGですが、「歌ってみたシリーズ」は包括契約のためOKになっています。

利用許諾契約を締結しているUGCサービスの一覧
https://www.jasrac.or.jp/news/20/ugc.html

商標権侵害

「商標権」とは、商標を使用する者の業務上の信用を維持し、利益を保護するため、商標法に基づいて設定されるものです。

企業が自社の利益を守るためにコストをかけて商標を取得し、ブランドの価値を維持するわけです。トップレベルドメイン（http://○○.comの○○の文字列）を商標登録されているURLにすることも商標権の侵害になります。

アフィリエイトの場合、広告主の許可なく企業名やサービス名、ブランド名など登録商標を利用した広告出稿を行なうことは商標権の侵害に当たります。

違反が発覚した場合はアフィリエイト成果の不承認だけでなく、権利を侵害する者に対して企業側から侵害行為の差し止めや損害賠償の請求をされる場合がありますので、絶対に行なわないようにしましょう。

肖像権侵害

肖像権の侵害については「表現の自由」との兼ね合いもあるので明確な線引きが難しいのですが、とくに芸能人の画像については細心の注意を払っておいたほうがいいでしょう。

Point

気軽にできる分、気づかぬうちに違反をしている場合がある

#05

確定申告

副業で確定申告の必要がある人は？

確定申告は毎年1月1日から12月31日までの1年間に生じた所得について、翌年2月16日から3月15日（土日祝日の状況によって変動する場合もあります）までの間に所轄の税務署に行なう必要があります。

確定申告｜所得税｜国税庁
https://www.nta.go.jp/taxes/shiraberu/shinkoku/tokushu/index.htm

会社員（給与所得者）でも、年間20万円を超える副業からの所得がある人は確定申告をする必要があります。収入の内訳は、ブログ運営でも、クラウドソーシングでも、YouTubeでも、アルバイトでも一緒です。年間20万円超の副業による所得を得ている場合は、必ず確定申告の手続きを行ないましょう。

もしわからない場合は、最寄りの税務署に相談しましょう。丁寧に教えてくれますし、申告漏れを防ぐことにもつながります。

申告期限は厳守する

確定申告は3月15日までに最寄りの税務署に申告しましょう。期限ギリギリになると税務署も混雑してくるので、なるべく早い準備と申告を心がけましょう。

万が一、申告が遅れた場合でも、無申告は避けましょう。期限後申告でも申告を行なわないよりはるかにいいです。要件によっては無申告加算税が課されない場合もあります。

確定申告を忘れたとき
https://www.nta.go.jp/taxes/shiraberu/taxanswer/shotoku/2024.htm

経費にできる項目

経費は副業で収益を得るために要した分だけ計上できます。ただし、なんでもかんでも経費にするのはやめましょう。

経費に該当するものは、次のような費用になります（注：全額経費として計上するには、副業の用途のみに使っていることが条件となります）。

・消耗品費

10万円以下のパソコン、デジタルカメラ、プリンター、インク、パソコンソフトなどが該当します。なお10万円以上のパソコン等については、減価償却資産として減価償却を行なう必要があります。

・新聞図書費

副業に必要な関連書籍、情報誌、新聞等の購入代金などが該当します。

・通信費
インターネット回線・プロバイダー費用、レンタルサーバー代金、独自ドメイン代金などが該当します。

・旅費交通費
副業の勉強会やイベントに参加するための交通費・宿泊費などが該当します。

・雑費
勉強会やセミナー、イベント、ワークショップなどへの参加費、振込手数料などが該当します。

ポイントや電子マネーも収入として計上する

意外と忘れがちなのが「ポイント」です。楽天スーパーポイントを代表としたポイントも、収入として計上する必要があります。楽天キャッシュは電子マネー扱いなので、もちろん計上する必要があります。ポイントという言葉から収入という意識が低くなりますが、お金と同等の扱いになります。

また、一部では「ポイントは使ったときに収入とみなされる」という見解もありますが、原則的にはポイントを受領したときが収入発生となりますので、申告漏れのないようにしましょう。

e-Taxを活用しよう

国税庁が運営する「e-Tax」というウェブサイトを利用することで、税務署に行かなくても自宅のパソコンからインターネットを活用して確定申告の書類を提出することができます。

【e - T a x】国税電子申告・納税システム
https://www.e-tax.nta.go.jp/

他にも、添付書類の提出省略（法定申告期限から５年間は税務署から提出を求められる可能性あり）、還付がスピーディー（３週間程度で処理）、24時間受付などの利点がありますので、自分の状況に合わせて活用しましょう。

繰り返しになりますが、確定申告の手続きでわからないことがあったら、とにかく最寄りの税務署に相談しましょう。書類の書き方や、収入や経費の算出法について正式回答を受けられます。

Point

副業で確定申告の必要がある人は「副業所得が年間20万円を超える会社員」

#01
「続ける」ことが成功への一番の近道

学習曲線と学習高原

副業にかぎらず、なにかを成功に導くために一番大切で一番難しいことは「継続する」ということです。頭で「継続することが大切」なのは理解していても、実際にモチベーションを維持することは大変です。本項では「継続する」ための道標をご紹介していきます。

結果が出ないと悩んでいる人に知ってほしいのが、「学習曲線」と「学習高原」です。

自転車の練習をしていたとき、語学の勉強をしていたとき、スポーツの練習をしていたとき、楽器の練習をしていたときなど、ある一定の時間や練習量をこなすと、なぜか一気に上達する感覚があったことを覚えていますか。活動時間に正比例して成果が出れば実感も伴うためやる気につながりますが、そんなことは稀ではないでしょうか。「こんなに長い間練習しているのに、どうしてうまくならないんだろう？」と悩みながら続けるうちに、ある日突然、ふとできるようになっていたものが大半だったはずです。

Chart 09

学習曲線

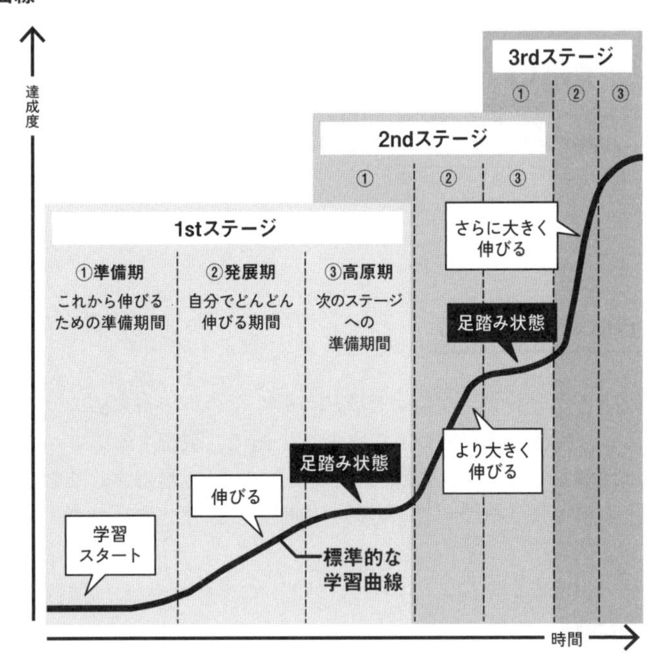

【参考】
https://uxdaystokyo.com/articles/glossary/learning-curve/

学習曲線の理論では、成長のステージとステップは、それぞれ3段階に分かれています。ステージは1st / 2nd / 3rd、ステップは「準備期」「発展期」「高原期」と表現されます（上図参照）。

活動をスタートして、すぐには上達しません。一定量の練習を経て急に伸びる時期が来ます。そして、また足踏みします。この足踏みが「学習高原」です。高原期は次の発展期を迎えるための準備となる大切な期間です。練習を続けることでまた伸び、そして足踏みします。

この繰り返しによって、１つの能力を極めていくわけです。
しかしながら多くの人が、努力に正比例して右肩上がりになると思っています。現実はそうではなくて、必ずギャップがあり、そのギャップに耐えられずにやめてしまうのです。

これは副業にも言える話です。ブログの記事数が増えてきた、文章が上達してきた、内容に厚みが出てきたなど数々の要素が積み重なって、アクセスアップや収益アップにつながるのです。初めて記事を書いたときより、10記事のとき、30記事のときのほうが記事の深みや書くスピードは間違いなく向上しています。クラウドソーシングでも、コミュニティ運営でもオンラインショップ経営でも一緒です。努力が成果につながるには、多少のタイムラグがあるということを認識しておきましょう。

私の経験則ですが、「結果が出ない」という段階で活動を止めてしまう人は、圧倒的に実践が少ない印象があります。あなたの能力が足りないのではありません。おそらく、結果を早く求めすぎているだけです。情報を発信するということは、ごく普通の行動です。しかし、そんな普通のことでも、続ければ普通ではなくなります。根性論的に感じるかもしれませんが、普通のことを、普通ではないくらい続ければ、それは異常値となります。異常値を超えて、初めて大きな結果がついてくるのです。

「継続は力なり」ということわざがありますが、昔の人はよく言ったものです。他にも、「千里の道も一歩から」「塵(ちり)も積もれば山となる」「涓滴岩(けんてきいわ)を穿(うが)つ」など、続けることの重要さを表すことわざはいろいろあります。
「続ける」ということは単純なようで、困難を伴います。行動すれば行動するだけあなたの能力は向上していきますので、結果が出ないからと簡単にあきらめずにやり続けてください。

夜明け前が一番暗い

「夜明け前が一番暗い」という言葉があります。困難や努力は終わりかけの時期が最も苦しくて、それを乗り越えれば事態が好転するはずだという意味ですが、副業でも同じことが言えます。

みんな初めのうちはやる気に満ちあふれています。しかし、だんだん疲れていき、結果が出ないとあきらめて去っていきます。もうちょっとツルハシを振るえば、あと1枚の岩盤を突き破れば宝がそこにあるのにもかかわらずです。

なぜやめてしまうのか。それには3つの理由があります。

・「ローリスク」だから

1つ目の理由が「ローリスク」だからです。収入というわかりやすい結果が出づらいインターネット副業活動以外にも、世の中には楽しいことがたくさんあります。毎日2時間、1本の動画を撮って編集して配信するよりも、友人と飲みに行く、映画を観るほうが楽しいわけです。インターネット副業はコストがかからないので、金銭的プレッシャーが小さいです。それはもちろんメリットにもなるのですが、同時に「ここでやめたら大きな損が出る」という強制力も弱くなります。

・「成長している実感が持ちにくい」から

2つ目の理由は、結果が目に見えづらいので、「成長している実感が持ちにくい」という点です。そのため、過去の振り返りが非常に重要になります。3か月前に書いた文章と今の文章を比較してみる。半年前に撮影した動画のトークと今のトークの変化を確認する。そういった自己成長にフォーカスすることがすごく大切です。

最初の半年から1年は、お金や数字といった定量的な自己評価ではなく、文章力や編集力など定性的な評価を重視したほうがモチベーションを維持しやすいです。

・「知らない」から

3つ目の理由は「知らない」ということです。

知らないことを続けるのは一番つらくて、一番怖いものです。初めて訪れた街で、夜に買い物に行くときと一緒です。街灯がない道を500メートル歩いたところにコンビニがあることはGoogleマップで調べることはできても、実際に歩いてみると非常に怖い思いをしたことはありませんか？　暗くて道がよく見えない、ヘビが出てきたらどうしよう、落とし穴があったらどうしよう。現実的に落とし穴なんてあるわけないのですが、不安というものは勝手に大きく育ってしまいます。

しかし、一度行ったところであれば恐怖心は薄れ、すいすい歩けるようになります。それが知識や経験です。迷いや恐怖心はエネルギーを消費します。「初めてのことは不安になるもの」という知識をあらかじめ持っていれば、消費するエネルギーを減少させることができます。

Point

一定量の練習を経て
急に伸びる時期がやって来る

#02
即断即決が信用と仕事を増やす

「自分ルール」に淡々と照らし合わせて行動する

さまざまな仕事を進めていくにあたり、決断の早さは大きな強みになります。悩んでいる時間が長くなると、実際に行動できる時間が減りますし、依頼主にも迷惑がかかります。決断力のトレーニングをしておくことで、複数の仕事を同時に進行させていくことも可能になります。

本項では実際に私が使っている、即断即決力を鍛えるためのヒントをお伝えします。

決断が早い人の特徴として、「自分ルール」を決めていることが多いです。理由は次の3つです。

決断が早い人の「自分ルール」

- ルール決めによって判断を早められる
- 長々と考えていても結論は変わらない
- ルール化によって断りづらさが発生しない

人間が迷う理由はある程度決まっています。ざっくり分けて、「得意分野かどうか」「人間関係」「価格」です。その中での判断基準を決めておいて、基準内であれば受ける、基準外であれば受けないというルールを作っておくことで、思考がシンプルになります。

判断するにはたくさんのエネルギーと時間を使います。ルールを決めることによって自動的に選択できるので、判断に使っていたエネルギーや時間を別のことに活用できます。検討・調整するだけでエネルギーを消耗し、実際の作業前に枯渇してしまうのは本末転倒です。同じような判断を繰り返して不必要に消耗しないために、自分の中でルール化しておくことが大切です。

価格設定もルールの１つです。メニューを明朗会計で提示しておくことで、仕事の依頼が来た際にそのページのURLを送るだけで、あとは依頼主の判断になります。先方の求める内容と予算がマッチすれば受注に近づきますし、合わなければ相手から断ってきます（連絡のないことがほとんどですが）。疑問点がある、予算が合わないなどの継続の問い合わせがあるかどうかで関心度の高さが測れますので、そこからしっかりと交渉しても問題ありません。

基準の決め方

ルール設定は人それぞれ好きにやればいいと思うのですが、それだと不親切なので私のルールの決め方を紹介します。これも実は単純で、マトリクスを作って案件がどこに位置づけられるかだけで決めています。

・好き嫌い・得意苦手マトリクス

ビジネスに寄った形ではなく、もっと感覚的なものでも問題はありません。

Chart 10

好き嫌い・得意苦手マトリクス

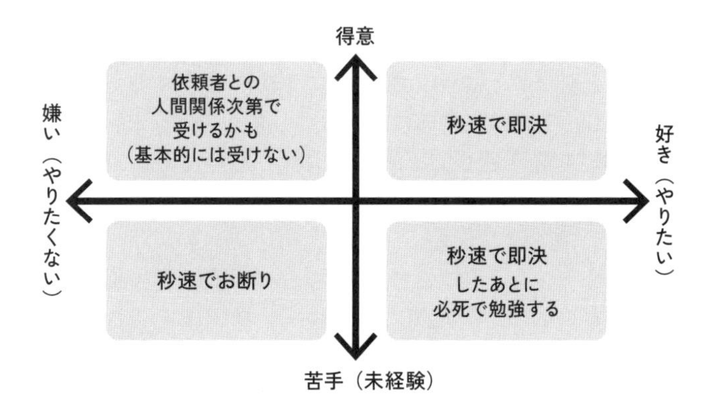

上図の通りシンプルな考え方です。自分の得意分野や好き嫌いを知っておくことで、どの象限の依頼かすぐに判別することができます。

好き＆得意であれば全力で引き受ける。興味はあるけれども実力不足だと思ったら全力で引き受けて、全力で勉強して、自分の能力を上げるきっかけにすればいいわけです。

好きじゃないけれどできることは、依頼者との人間関係で決めて、嫌いで苦手な分野は速攻で断る。これなら即断即決できませんか？

・平面ではなく立体で考える時代

これからの時代、2次元ではなく3次元で考える癖をつけておくといいと私は思います。平面ではなく立体です。この“第3軸”を意識することが、独自性を維持し続けていくために重要な要素となります。

第3軸はなんでも構いません。次ページの図では「給与・待遇⇔将来の可能性」としていますが、これはよく転職時に悩むポイントでもあります。副業で考えるのであれば「王道⇔トレンド」、「要望⇔不必要」など、自分で決めてもらえばOKです。

Chart 11

立体で考える

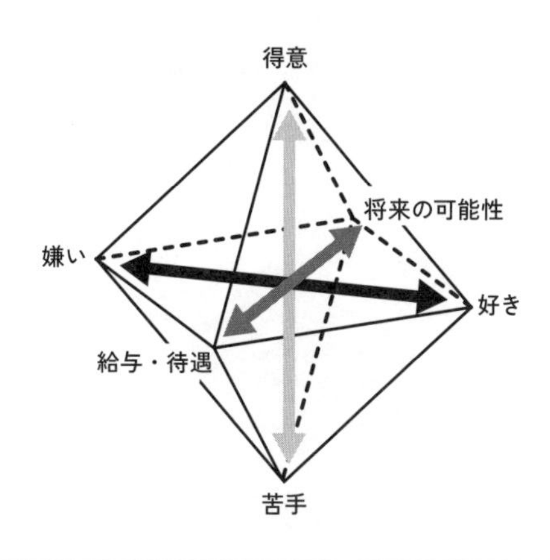

たとえば私の場合、トレンドの「副業」にかかわる仕事であればほぼ無条件で引き受けます。王道であれば「情報発信術」にテーマを広げます。情報発信力はどの時代でも必要とされるスキルだからです。

これだけルールが決まっていれば、基準に該当しない依頼は簡単に断れるはずです。

早く断ることは礼儀

正直なところ、依頼を断るのは「慣れ」です。けれども、慣れないうちは悪いような気がしてしまいます。断るのが気まずくて、結論をどんどん先送りする人もいます。実は依頼者からしてみると、これは大きな迷惑行為にあたります。断る時期が遅くなればなるほど、依頼者の機会損失を生むからです。

判断が早いと依頼側も次の手が打ちやすくなります。別の人を探す時間的余裕が生まれるからです。早く断ることは「悪」ではなく「礼儀」です。

私は条件が合わなければ（ほとんどがスケジュールの問題ですが）平気な顔をして断りますし、私自身も断られても気にしません。断った人にも「また誘って」と言いますし、断られた人にも「また誘うね」となにも気にせず言います。本当の人脈であれば、1つの依頼を断った程度で崩れるわけがありません。安心して断りましょう。

Point

仕事を受けるにしろ断るにしろ、即答が好ましい

#03
今日、どんな新しいことをしましたか？

毎日１％の努力が大きな差になっていく

人間は習慣の生き物です。生活の99%は習慣で行動しています。

朝起きる、ご飯を食べる、顔を洗う、SNSチェックする、電車に乗る、スマホでゲームする、メールチェックする、つまらないミーティングに出る、ランチを食べる、コーヒーを飲む、眠さをこらえて企画書を作る、理解度の低い上司に説明する、適当に残業する、同僚と飲みに行く、寝る。

多少の違いはあると思いますが、ほとんど毎日ルーチンになっていませんか？

毎日１％でも成長している人と、毎日１％怠けてしまう人がいたとします。あくまでも計算上の話なのですが、その２人の差はどうなるでしょうか。

Chart 12

毎日1%でも成長している人と、毎日1%怠けてしまう人の差

	怠けている人	成長している人
日数	×0.99	×1.01
1	100.00	100.00
2	99.00	101.00
3	98.01	102.01
58	56.39	176.33
59	55.83	178.09
60	55.27	179.87

毎日、自分の限界を1%でも超えるつもりで行動している人と、なにかしら言い訳して1%の余力を残して生きている人とでは、たった1か月で133：75という大きな差になります。2か月後だと180：55になります。なんと、60日で少しの怠惰と少しの努力の差は積もり積もって3倍以上になるわけです。

毎日のほんの少しの差が、期間が延びれば延びるほど大きな違いになります。「意識が変わると行動が変わり、行動が変わると習慣が変わり、習慣が変わると人生（人格）が変わり、人生が変わると運命が変わる」という言葉もありますが、良くも悪くも自分の人生を決められるのは自分だけなのです。

1日ぐらいいいだろうと思った怠惰が慣れになり、翌日も、翌々日もちょっとずつサボる。それにより人の能力は退化していきます。逆に、今日よりも明日、明日より明後日と今の自分を一歩でも超えるつもりで新しいことにチャレンジし続けることで、少しずつかもしれませんが能力は向上します。

「新しいこと」と言うと構えてしまうかもしれませんが、ビジネス書しか読んでいない人は小説にチャレンジすることも「昨日までと違うこと」です。私はよく「カテゴリをまたげ」という話をします。自分の安心領域（コンフォートゾーン）に居続けると思考が固定化して、新たな気づきを得るチャンスを失ってしまうからです。別にいきなり大きくジャンプしろだなんて言いません。半歩でいいので、自分の輪の外に足を踏み出す気持ちと行動が大切です。

コンフォートゾーンについて、ミシガン大学ビジネススクール教授で、リーダーシップ論を専門とするノエル・ティッシー氏が次のように解説しています。

３つの同心円の一番内側の円を「コンフォートゾーン」、中間の円を「ラーニングゾーン」、一番外側の円を「パニックゾーン」と名づけた。そして人は「ラーニングゾーン」を強化することで成長する。

「ラーニングゾーン」とは身につけようとしている技術や能力がもう少しで手の届くところにあることを指している。コンフォートゾーンでは決して進歩は望めない。もうすでにできることだからだ。一方パニックゾーンでの活動はあまりにも難しくどうやって取り組んだらいいのかもわからない。

意味を翻訳し直すと「コンフォートゾーン＝簡単にできる（作業）」「ラーニングゾーン＝難しい（課題）」「パニックゾーン＝できない（問題）」となります。作業を繰り返しても能力は向上しません。背伸びをしないと解けないような課題に取り組むことで自分の能力を向上させることができます。効率的に能力を伸ばしていくためには、いかに「難しい」の範囲を増やして解決していけるかにかかっています。解けない問題を理解できるパーツにまで分解し、課題化することで「できない」から「難しい」の位置に動かすこともできます。難しい課題は解決できます。

新しいことは意識しないと行動に移せませんし、普段と違うことを行なうのはエネルギーを使います。しかし、たった1%の時間でいいので、今までとは違ったことにチャレンジしてみませんか？　なお英語では「One New Thing A Day」と言います。直訳すると「1日1つ新しいこと」です。海外でも同じような言葉があるんですね。

気づいたときが勝負

新しいことをはじめようと思ったとき、一番若い時期は「今」です。なにかを変えたいのであれば、まず目の前の事象を丁寧に大切に対応するのが一番の近道です。

自分の意思で変えられるのは「今」だけです。未来はこの瞬間の積み重ねで、過去は単なる記憶です。この文章を読んでいる人で、「僕、今、昨日にいます」って人いないですよね。人は今にしか存在できないからです。

この書籍を読んで、なにか感じることがあれば、賛否かかわらず(できれば賛のほうがうれしいですが)、ぜひ、ひと言でも自分の意見を発信してみてください。

その発信自体も、昨日と違う新しい一歩となります。

Point

今の自分を1歩でも超えるつもりで、毎日新しいことを続けよう

Interview

Interview_1

誰よりも先に動いて覚える。この繰り返しで「副業」は加速度的に成功する

日本マイクロソフトの役員として勤務する傍ら、複数の経営者やスタートアップ企業のメンター、大学客員教授などを務め、2019年には株式会社圓窓を創業。2020年8月には長年勤めた日本マイクロソフトを卒業し、さらに活躍の場を広げている澤円（さわまどか）さんに複業（副業・兼業）についてお話をうかがいました。

profile

澤円（さわ・まどか）
株式会社圓窓代表取締役。琉球大学客員教授。1969年生まれ。立教大学経済学部卒業後、生命保険会社のIT子会社を経て、1997年日本マイクロソフトに入社。プリセールSEとして最新のITテクノロジーに関する情報発信の役割を担う。2006年より担当をマネジメントに移行し、社内外にての指導を幅広く手がける。2019年に株式会社圓窓を創業。IT導入・リモートワークや組織デザインのコンサルティング、経営者やスタートアップ企業のメンタリングなどを行なう。著書に『マイクロソフト伝説マネジャーの世界No1プレゼン術』（ダイヤモンド社）、『個人力――やりたいことにわがままになるニューノーマルの働き方』（プレジデント社）など。

最初は得意なことの指導から

初めて外部から頼まれて講演をしたのが13年前のことで、チャリティー団体をお手伝いしはじめたことがきっかけです。どんなことを手伝っていたかというと、自分の得意分野でもあったプレゼンテーションの指導です。チャリティー団体は社会的にいいことをやっていても、伝えるスキルを学んでいない人が多いので、その方法を教えていました。謝礼はお金ではなくて、手作りのクッキーだったことを今でも覚えています。

僕がプレゼンテーションを教えることは講演の主催者などから認知されていたのですが、次第に「マネジメントを教えてほしい」というオファーも増えてきました。依頼されたら、基本的に「イエス」で答えると決めていたので、さまざまな依頼を受けていました。そんなときに創業まもないビズリーチの経営陣と知り合いになりました。

当時は社員が6人で、若い人たちが「こんなビジネスをやりたい！」と盛り上がっている姿を見守っていました。会社が成長して社員が30人ぐらいに増えてきたとき、明らかに成長痛を起こしていることがわかりました。営業としては強いのですが、営業マネジメントの経験がある人が誰もいなかったのです。組織として機能していない状態だったので、改善方法をメンバーに提案しました。

最初のうちは営業会議に参加してコメントをする程度だったのですが、次第に勉強会を担当することになり、営業部隊を育てるサポートをするようになりました。これがビジネスとしてスタートアップ起業に関わるようになった源流です。

転換期に「動けた人」は得をする

働き方が変わるときは、ドラスティックです。今まさに、そうした転換期に来ていると実感します。

新型コロナウイルスによって世界の価値観は大きく変わりました。僕は「25年ぶりのリセットボタン」という表現をしているのですが、25年前、1995年になにがあったか覚えているでしょうか。

1995年8月24日、Windows95（英語版）が発売されました。25年前はインターネット元年と言われ、インターネットがある世界とない世界に分かれたのです。当時はインターネットが一般社会に普及したにもかかわらず、インターネットが存在しない世界の働き方をしようとする人たちがすごく多かった。「電子メールなんてうちの会社には必要ない」と言っていた人がたくさんいたわけです。今考えたら笑い話ですよね。

でも、当時は「ファックスとメール、どちらの生産性が高いのか」と大真面目に比較していました。それは黎明期にありがちな傾向です。

今回のコロナショックで25年ぶりの世界同時リセットが発生しました。リーマン・ショックや9.11は、もちろん痛ましい事件ではありましたが、局地的なのです。ベルリンの壁崩壊やEUの発足も局地的な出来事です。世界同時に大きな変化が起きたというのは、インターネットが誰でも使えるようになった以来のことなのです。今まではCOVID-19のない世界でしたが、これからはCOVID-19のある世界に生き方を変えなければ、アップデートしないといけません。移動や場所の意味合いが変わってしまった。移動が簡単にできない、みんな一緒の場所で働くべきだという常識が簡単に覆りました。リセットボタンがかかったときに動けた人は、おおむね得をしています。

僕はインターネット黎明期にエンジニアの仕事をしていたというラッキーも重なりましたが、Windows95発売直後にすぐインターネットに投資しました。機材をとにかく買ってパソコンに接続して、常に一番高いインターネット回線を契約。少なくとも末端のエンジニアとしてはがんばった部類の人間だと思います。

変化の時期に俊敏に動いたことで、不思議なことにキャリアの道が拓けました。僕は文系出身のポンコツエンジニアでしたが、今のこのポジションにいられるのは**誰よりも先に動いて、覚えた**からです。才能があったわけでもなんでもなくて、「真っ先に動いた」、それだけなのです。

インターネットの出現やコロナショックによってリセットされた世界では、ルールチェンジが発生します。要はそれまでの蓄積もリセットされるので、手持ちのカードが意味をなさない状態になるわけです。そのときなにを捨てられて、なにをつかみに行くのか、瞬時に決められることが重要です。瞬時に決めるためには、準備が大切になります。

発信によって自分のタグ(分類しておくためのラベル)を増やす

ちょっと前までは「プレゼンテーションの澤円」というタグが強くて、僕の講演を聞きに来た人が、自分の会社でも話してほしいという依頼をしてくることが多かったです。もちろん、現在も紹介からの仕事は多いのですが、最近はVoicyという音声メディアを聴いて僕に仕事を依頼してくることが増えました。とくに若い人からの依頼は、ほとんどがVoicy経由です。

Voicyでは10分程度の配信を毎日続けています。イメージとしては1人ラジオ局のような感じで、ついに900回を超えました。はじめる前までは「プレゼンの澤」だったのですが、今では「Voicyの澤」というタグが増えました。Voicyは無料ではじめられて金銭的リスクはゼロなのにもかかわらず、情報発信を続けることで自分に新しいタグをつけることができました。さらにスポンサーもついてくれたので、金銭的リスクがゼロどころか収入にもなっています。面白いことにVoicyを聴いている層は、従来の「プレゼンの澤」を求めているビジネスパーソン層とはいい意味でズレがあります。学生から年配の方まで、この新しいチャネルで情報発信をしていくことで、多くの方々からお声がけをいただくことになりました。

ブログやSNSのテキスト情報と違い、音声メディアは「声」によって人間味がより伝わります。話し方というのは性格が現れます。そして毎日続けることによって、話術は上達していきます。いかに落ち着いて、わかりやすく、そして品性を保って発信できるか。これはプレゼンのトレーニングにもなりますし、今では1つのライフワークになっています。

情報発信をすることで、まわりの人が「僕のできること」を理解してくれるようになりました。自分にタグがつくことで、売り込みの必要性がなくなるわけです。僕のできることを知っているまわりの人が依頼をしてくるからですね。
そして1つタグがつくと、そのタグから派生した別のタグも生まれます。澤はプレゼンが得意というタグは最初からついていましたが、「プレゼン以外にもマネジメントを教えられる」「セキュリティを教えられる」という感じで次々にタグがつながっていくという状態になることが理想です。今ではVoicyの経験から得た「情報発信の澤」というタグもついています。なにより大事なのは、発信することに対して遠慮しすぎない、恐れすぎないことです。失敗しても死にはしませんから（笑）。

どんな人でもまず売れる価値は「時間」です。たとえば、若い人は体力・気力をフル稼働させて無茶をすることを売り物にする場合もありますが、結局のところハイリスク・ローリターンです。いくら若いといっても限界があるので、体調を崩してしまう人を何人も見てきました。だからこそ**自分がやりたいこと、できることを発信し、それに気づいてもらって仕事になっていくのが一番健全**かと思います。

本を出したいという人がいて、出版社を紹介して欲しいというお願いをされたことがあります。「自分の人生は一般的な人からは想像できないほどの波乱万丈で、絶対に面白い本になります！」とのこと。そこで僕は「なぜあなたに直接出版社から依頼がこないんだろうね？」と聞いてみました。要は情報発信ができていないから、誰にも興味を持たれていないということに気づいてほしかったのです。僕を使ってショートカットしたとしても、自分の実力にはなりません。だから、「自分でブログやSNSで発信すれば、気づいてくれる編集者がいるかもしれない」とアドバイスしたら、「時間がかかるので嫌です」と言われてその話は終わりました。

僕がプレゼンの講習で必ず言うことにしているセリフがあります。「プレゼンのコツを教えてほしい」という要望が非常に多いため、「コツはありますけど、味噌汁を作るコツって知っています？」と聞きます。質問者はみんなキョトンとして「なにを言っているんだ、こいつ」と思っている表情をします。そして僕は「味噌汁は市販のだしパックを、標準の1.5～2倍の量を使うと美味しくできるらしいですよ。このコツを知って、味噌汁を作れますか？」と続けます。質問者はそれで黙ります。ああ、そういうことかって。

市販のだしパックを、標準の1.5～2倍の量を使うと味噌汁は美味しくなるというのは、これは間違いないコツですが、だからといって美味しい味噌汁が作れるかというと違います。完全に味噌汁が作れる技術を持っているのであれば、だしの量というコツはすごく有効です。でも、味噌汁はだしの量だけじゃないですよね。具材のチョイスやだしとの相性、味噌の分量など、さまざまな要素があります。プレゼンがあまり得意じゃないという前提だとしたら、最低限プレゼンができるレベルまで成長しておく必要があります。味噌汁は作れるけれども、さらに美味しくなる味つけを知りたい。このようにラストワンマイル、最後の1区間がわからないのであればコツを教えることは有効ですが、フワッとした状態でコツだけ知ろうとしても意味がありません。

決めて、やる

「Voicyを毎日続けられて、すごいですね」と言われることがあります。でも、みなさんにも毎日続けていることってありますよね。歯磨きをする、料理をする、SNSのチェックをする……できない日ってありますか？　もちろん、晩御飯をなににしようかなと迷う日はあります。どうしようかな、あれにしようかな、これにしようかなと迷うことはあるけど、作れない日はないでしょう。それだけの話です。どうにかなるのです。なぜかというと、することが決まっているから。

僕はVoicyの発信は毎日やるものだと決めているので、あとはなにを話すかを探すという作業をするだけです。料理も同じです。いきなり「カンボジア料理のフルコースを今晩のメニューにします」とはなりませんよね。あくまでも自分のレパートリーを中心にして、１歩２歩踏み出して冒険することはあるかもしれないけれども、聞いたことがないような国の民族料理を作るかというと、ないわけです。自分を中心にして、手の届く範囲の情報をネタとして10分程度話をして配信する。それって、そんなに大変じゃないですよね。

得意分野からはじめたほうが続けやすいという考えもありますが、すごく得意である必要があるかというと、それはまたちょっと違います。僕の場合、得意だからやっているわけではなくて、「やると決めているからやっている」のです。発信し続けていると、慣れてきて、リズムに乗れるようになり、結果的にスキルが身につくというイメージです。もちろん、もともとは「プレゼンの澤」だったので、話すのは得意は得意だったんでしょうけど、別に得意だからそれをはじめたわけではありません。Voicyをはじめると決めたので、はじめて、続けているだけです。

「こうなったらいいな」を恐れずに発信していく

僕はよく「正解はない」、そして「予想は無駄」と言っています。

1981年当時、あのビル・ゲイツが「640KBはすべての人にとって未来永劫、充分なメモリだ」と言いました。実際今はどうでしょう？

64GBのメモリを積んでいるパソコンがワンクリックで届く時代になっています。けれども、ビル・ゲイツは先見の明がなかったかというと、そういうわけではありません。あれだけの天才ですら未来を見誤るのだから、未来の予測というのはいかに当てにならないかということなのです。

だからこそ、未来は予想するものではなくて、自分で作るものだと言い続けています。願う未来を自分が作る側にまわればいいわけです。そうしないと他人が定義した人生をずっと生きるはめになってしまいます。

サービスを作る、プロダクトを作るだけではなく、自分がやりたいことができる時間を生み出す、自分の人生をデザインすることならば誰でも可能です。そのことを僕は「自己中心戦略」と言っています。

自分を中心に考えて、「こうなったらいいな」と思うことを恐れずに発信する。それに対して好意的に反応してくれる人たちとコラボレーションしていくのが、一番楽しい働き方でしょう。手段はブログでも、Twitterでも、Facebookでも、それこそオンライン飲み会でも構いません。なんでもいいので思っていることはどんどん出していきましょう。あなたが気にするほど世間の人たちは、あなたのことを見ていないから安心してください。

僕は最近「Being（在りたい自分）」という言葉を意識しています。なるべく多くの人たちに対して、ハッピーな時間をすごしてもらうお手伝いをするのが僕のライフワークだと思っているので、とにかくそのことに没頭したいのです。

そのためには、まず自分がハッピーじゃないといけない。やりたいことに関しては遠慮しないと決めていて、これからはわがままな生き方をしようかと思っています。実はそれもあって会社を辞めました。日本マイクロソフトはとてもいい会社でしたが、会社である以上、どうしてもやりたくない仕事もゼロではありません。日本マイクロソフトの澤円としての仕事としてはやり尽くした感もありますし、コロナウイルスによってリモートワーク化して出勤自体もほとんどありませんでした。いいきっかけかなと。

そして十何年も、社外での活動を続けていたことも大きな要因です。会社員というオプションの１つが外れた程度に考えられるのは、これまでの準備が大切だったのだと実感しています。

Interview_2

情報を発信し続けることで開けた副業という新しい生き方

会社員として働きながらさまざまな複業に取り組み、現在は「複業研究家」として多数の複業事例を見つめてきた西村創一朗さんと、企業に所属しながら「トレイルランニングの普及」という“お金ではない価値・財産”をリアルに体験されている加藤桃子さんをゲストに迎え、複業の現状と未来についてお話をうかがいました。

profile

西村創一朗（にしむら・そういちろう）

株式会社 HARES CEO 複業研究家 ／ HR マーケター。NPO 法人ファザーリングジャパン理事。2011年に株式会社リクルートキャリアに入社後、複業で「二兎を追って二兎を得られる世の中を創る」をミッションに株式会社 HARES（ヘアーズ）を創業。しばらくは会社員兼経営者として活動後、2017年に独立。19歳で学生結婚し、現在3児（12歳、8歳、4歳）の父。NPO 法人ファザーリング・ジャパンの最年少理事も務める。著書に『複業の教科書』（ディスカヴァー・トゥエンティワン刊）がある。

加藤桃子（かとう・ももこ）

1995年生まれ。株式会社 SmartHR、当時唯一の新卒として入社。インサイドセールスチームの立ち上げをプレイヤーとして経験した後、広報・PR 担当になる。SmartHR で勤務する傍ら、社会人になるタイミングではじめた「トレイルランニング」のファンを増やすための Instagram（@suppamuchochan）が人気となり、雑誌や PR ムービーへの出演、アンバサダー業や取材など、活動の場を広げている。2019年、斑尾高原トレイルランニングレース ショート女子 総合優勝。

なぜ本業の傍ら、複業（副業）に取り組もうと思ったのか？

西村：社会人３年目のとき、当時は営業職として働いていたときにブログをはじめました。それが副業の第一歩だったのですが、正直なところ最初はほとんどお金になりませんでした。１か月50時間以上ブログに時間を費やして、広告収入はなんと62円でした。時給1.2円です。

でも、お金のためにやっているという感覚はあまりなくて、好きなことをやったついでにお金がもらえる感覚でした。その62円でガリガリ君が買えるのもハッピーでした。翌月は収益が360円になりました。「やった、ハーゲンダッツに昇格だ！」という気持ちになりましたが、冷静に考えると時給換算したら６〜７円なのです。周囲からはバカにされていましたが、それでも僕はすごくうれしかったです。会社からもらえるお給料とはまったく違った種類の喜びが、そこにはありました。

ブログは稼げるまでの駆け出しの期間がしばらくあって、続けていくとだんだん伸びてきて、徐々にお金が稼げるようになるという世界です。稼げない期間を我慢できない人は、おそらく続かないでしょう。

後述しますが、僕の場合、直接的な広告収入よりも、ブログがきっかけとなり、さまざまなビジネスに発展することが多くなりました。でも、儲けようと思ってはじめたのではなく、商品やサービスにほれて紹介していたら、結果として仕事につながったことがほとんどです。

加藤：私はもともと体を動かすことが好きで、高校生のころからチアダンスをやっていました。大学生になってもチアダンスは続けていたのですが、新生活もはじまったのでなにか新しいことにチャレンジしたいと思いランニングをはじめました。でも私の場合、平坦な道を走るのは性に合わなくてすぐ飽きてしまうのです。ランニングをやめようと思っていたタイミングで、トレイルランニングの存在を教えてもらい、高尾山に行きました。そこでトレイルランニングを初体験したのですが、山道の下りのときものすごく集中する瞬間があるのです。この瞬間を何度も味わいたくて、トレイルランニングに魅了されていきました。

こんなに楽しいトレイルランニングですが、まだ世間的な認知度は高くありません。そこで、トレイルランニングを知ってもらいたい、興味を持ってもらいたいという想いからInstagramで発信することにしました。

発信を続けていると、友人から「トレイルランニングってなに？」という質問が増えてきました。そこで、動画を中心としたトレイルランニング未経験者向けコンテンツを増やすようにしていきました。

発信を続けていると、トレイルランニングに関連する企業の方々の目に留まるようになり、「商品のPRを手伝っていただけませんか」と声をかけていただく機会が増えました。

自分でも驚いたのが、自分が参加する大会の物販で、とてもかわいいウエアを見つけたので、即決で購入し、すぐに着て大会で走りました。すると、そのブランドのオーナーが同じ大会に選手として参加していて、走りながら意気投合してしまい、それがきっかけで商品を提供してもらえるようになりました。

西村：僕はブログでさまざまなジャンルの記事を書いていました。その中でスマッシュヒットとなった記事が「日経新聞電子版を解約して、NewsPicksで定期購読をはじめてみた結果」という記事です。この記事をNewsPicksの経営陣が読んでくれて、関係性を持つことができました。

その後、さらに面白い展開がありました。なんと、日経新聞の人から問い合わせが来たのです。上記の記事で日経新聞を解約した理由が値上げと書いていたので、注意されるのかと思いました。でも実際はそんなことなくて、「実は今、日経で新しいサービスをリリースしようとしているから、ぜひ西村さんの意見を聞かせてくれ」という依頼でした。日経新聞の本社に行って自分の感想を述べ、気づいた点をアドバイスさせていただきました。報酬はAmazonギフト券だったので、報酬額としてはたしかに大きくありませんが、ブログ発信が現実社会のビジネスにつながったことが印象に深く残っています。

大切なことはサービスやプロダクトへの愛だと思っています。「このサービスをみんなに使ってほしい！」という熱量はブログの読者だけでなく、作り手側にも届きます。

効果的な体調管理、時間管理の秘訣

加藤：平日は本業で、トレイルランニングは土日を使っています。もしなにか大がかりなイベントがあれば有給休暇も活用しますが、基本的には土日に副業をするスケジュールです。

また、お手伝いしているブランドが、毎週木曜日の夜に高尾山で練習をするんです。会社から高尾山まで2時間ぐらいかかるので、練習に参加する場合は集中して仕事を終わらせ、場合によっては移動の電車の中でパソコンのキーを叩いていることもあります。副業をしていることで本業に支障が出てしまうのは本末転倒なので、私のわがままを理解してくれる会社に迷惑がかからないように、しっかりと時間管理をしています。学生時代から集中してなにかに取り組むことは得意だったので、それがいい面に出ていると思います。仕事もそうですが、トレイルランニングはめちゃくちゃ集中しないと、けがに直結します（笑）。

西村：僕はリクルートに勤務していたのですが、自宅からオフィスまで片道約1時間半かけて通勤していました。普通に考えると、片道1時間半の通勤時間は無駄でしかありません。リクルートは世間のイメージ通り忙しい会社で、定時で帰れることはほとんどありません。家に帰ると子どももいるので、副業ばかりやっているわけにはいきません。

そこで、3時間の通勤時間を有効活用して副業に取り組もうと考えました。とはいえ電車の中でできることはかぎられます。そもそも僕が副業をはじめるときにブログを選んだ理由は、「電車の中でスマホを使って記事が書けるから」です。そのおかげで自営業になった今でも、ブログはスマホで書いています。スマホで書くほうが速いのと、読者の8割はスマホで記事を読んでいるからです。読者目線で書いたほうが読みやすくなるのは当然だと思っています。

僕は今、複数の会社で副業に関するアドバイスをしていますが、副業禁止の大きな理由の1つが労働時間、従業員の健康被害が心配だという点です。たしかに一部の人は睡眠時間を削って副業していて、翌日、日中なのにウトウトしている、睡眠不足で仕事の質が落ちているような場面が見受けられます。でも、それは「時間切り売り型の副業」だからです。

これからの時代に求められる知識や経験、好きなことを活かした副業の場合、会社が副業を認めることでむしろ活力に満ちている人のほうが多い印象があります。好きなことをやることでストレス解消につながり、いろいろな人と出会えて情報交換ができる。さらに、副収入を得られる可能性も広がる。企業側も副業を認めることで得られるメリットは大きいと思います。

加藤：私の場合、自分の仕事がいっぱいいっぱいでも、大変さを表に出さない働き方がかっこいいと思っていた時期がありました。サラッとした立ち振る舞いで、木曜日に早く帰ったら、会社側が「加藤はもっと仕事できそうだな」と勘違いして、仕事がたくさんまわってきた経験があります。会社が期待してくれたのはうれしかったのですが、自分の状況をしっかり伝えておくというのは重要だと、そのときに学びました。

副業と相性がいいスキルとは？

西村：２つあります。まず１つ目として、「たくさんのデジタルツールを知っている」ことは大きな強みになります。たとえばCanvaというデザインツールがあります。これはデザインのスキルや知識がなくても、テンプレートから選んでいくだけでプロ顔負けのロゴやプレゼンテーションシートを作ることが可能になります。しかも基本利用料は無料です。

noteというメディアプラットフォームも同様です。昔に比べて設定が簡単になったとはいえ、WordPressでブログを構築するには、初心者であれば数時間かかります。ですがnoteを使えば、30秒で書きはじめられます。このようなツールがあることを知っているだけで、ものすごくチャレンジのハードルが下がります。

２つ目が「自分にできないことはやらない」という覚悟です。僕はとにかく事務作業が苦手です。細かい事務作業はほぼ100%なにかしらのミスがあります。大事なのは、「自分にできること」と「自分にできないこと」をしっかり分けて、できないことはできないとあきらめて、できる人に任せることが重要なポイントだと思っています。

本業で散々やりたくないことをやっているのに、副業でまでやりたくないことに時間を割いているのはもったいないです。副業だからこそ、好きなこと、楽しいことを突き詰めてほしいです。

加藤：私は「信頼を得るスキル」を重視しています。信頼は本業も副業も関係ないですが、お会いして意気投合した人はなにがあっても絶対裏切りたくないし、大切なつながりだと思っています。どれだけその人の印象に残るか、やりとりを丁寧にするか、その人を大事にしたい気持ちを持つ。1つひとつを大切にすることが、巡り巡って仕事にもつながると思っています。

だからこそ、仕事上のミスが発生したり、締切に間に合いそうになかったりする場合も、詳細に理由や状況を説明することを心がけています。

たとえば直近ですと、トレイル用のバッグを提供していただき、「○月までに投稿しますね！」という約束をしていました。しかし、その直後に緊急事態宣言が発令されてしまいました。私は基本的に山に登らないと撮影ができないので、その約束を守ることはできませんでした。でも逐一、状況報告や「こういう感じで載せようと思っています」や、「これが特徴で合っていますか」など、通常時であれば行なわないコミュニケーションを、あえて密に取るようにしていました。コロナウイルスで登山ができないのは自分ではどうしようもできないことでしたが、その中でスポンサーが不安にならないためにどうしたらいいのかを常に考えていました。

副業に踏み出せない人に向けて

加藤：私はとにかくやってみること、行動することが大事だと思っています。でも、踏み出せない人の気持ちもわかります。人は知らないことに不安を感じるからです。そこでおすすめしたいのが、**不安な要素を１つひとつ書き出してみることです。その不安要素を確かめると、意外と大した問題ではないことに気づきます。**

「副業をやるとわがままに思われて、社内の人間関係にひびが入る」というリスクを書き出した場合、やることは簡単で「本業で自分がやるべきことをしっかりやる。信頼を得るような動きをする」だけで、そのリスクは排除できます。人は目に見えないことに対して不安を感じるので、書き出して視覚化することで、問題点を解決していけばいいのです。

周囲から副業の応援をしてもらえるようになるには、もちろん本業で結果を残す必要があります。私が入社したときは営業職だったので、営業の成績もちゃんと出すというのは大前提でした。でも、同時にトレイルランニングにも力を入れていました。時折、会社の日報の中に、トレイルランニングの大会で優勝したというエピソードをひと言入れることもありました。私の場合は会社にもオープンにして、ルールを守って堂々と副業に取り組むことで、同僚や上司が興味を持ち応援してくれるようになりました。

トレイルランニングのInstagramのフォロワー数が増えていくに連れ、会社へのフィードバックとして情報発信力を活かせないかと考えるようになりました。営業職としては1対1でしかサービスのよさを伝えられませんでしたが、インターネットを活用した広報活動は日本中世界中の人に情報を届けられます。そのような想いから、広報に異動させてもらいました。会社でもSNSの活用は期待されていて、ほどよいプレッシャーを楽しんでいます。

もちろん、人それぞれ不安なことは異なります。本業に対して不安がある人もいれば、家族の時間が減ることを不安視する人もいるでしょう。不安は頭の中で考えていても解決しません。騙されたと思って、ぜひ一度書き出してみてください！

西村：僕は常々「自分の人生を取り戻すために『複業』がある」と言っています。今の時代に求められていることは、副業をする・しないに関係なく、セルフマネジメントだと思うのです。セルフマネジメントと言うと健康管理みたいに思われそうですが、マネジメントの意味するところは「経営」です。自分自身を１つの会社に見立てて経営していく力というのが、会社員だろうと、フリーランスだろうと、パラレルワーカーだろうと、求められる時代になってきていると考えています。

会社に人生を預けていたのが昭和、平成までだとするならば、会社に人生を預けることができない時代が令和の時代です。会社に依存するのではなく、自分の足で立ち、さまざまな選択肢がある中で会社(本業）を選択しているという状態であればまったく問題ありません。

でも、ただ雇われている、会社に自分の人生を預けてしまっているという状態は、非常に危険です。**副業をやるか、やらないかは個人の自由ですが、自分自身を経営するというマインドセットを持つということはすごく重要なポイントです。**

一方で、個人を経営するといっても、会社員の経験しかない人は、経営視点を持ちようがありません。ですから、経営視点を獲得するために、すごく小さくてもいい、ガリガリ君が1本も買えなくてもいいから、副業という形で自分の力で価値を生み出して誰かの役に立ち、その対価としてお金をいただくという経験を副業で積むことが大きなプラスになるはずです。

目先のお金を稼ぐということよりは、自分がバリューの高い人間になるために副業で経験を積み、スキルを高めて提供価値を上げていくという視点で副業を捉えていただくといいと思っています。

おわりに

本書では副業の現状や手法について、私の持っているノウハウや体験をページ数が許すかぎり掲載したつもりです（ページ数の関係で入り切らなかった内容は特典URLから読むことが可能です）。しかしながら、いつまでも永続的に使えるノウハウやビジネスなどありません。新しいテクノロジーが普及したら旧来の技術は淘汰されてしまいます。

たとえばインターネットの普及により、自宅に百科事典を置いておくことはなくなりました。百科事典を一式揃えると数十万円したのですが、それでも売れていました。

iPhoneを中心としたスマートフォンの普及によって消えた産業はなんでしょうか？　代表的なものは目覚まし時計です。カメラの性能はコンパクトデジタルカメラも必要ないレベルになっています。自動車のナビゲーションシステムもGoogleマップで代替可能です。栄華を極めていた産業が、テクノロジーの進化によって一瞬にして消えていくことは珍しいことではありません。重要なのは、その変化に気づき、いかに準備しているかです。

1800年代のアメリカに、アイスハーヴェストという天然氷を切り出して世界に販売する仕事がありました。氷職人は自分たちの作業能率を向上させるために、氷を削りやすいノコギリを生み出し、さらに技術を進化させた電気ノコギリが登場し作業効率は一気に高まりました。しかし、天然氷の業界は縮小しました。技術が発展して作業効率が上がったにもかかわらずです。

なぜか。答えは氷業界の常識をまったく知らない人間が参入し、製氷機を使って工場で氷を作りはじめたからです。不安定で非効率な天然氷ではなく、1年中いつでも安定した品質の氷が手に入るようになり、天然氷を切り出し販売していた人々は仕事を失いました。

さらには、氷が家庭でも簡単に作れる冷蔵庫（冷凍庫）が登場しました。わざわざ氷を買いに行く必要すらなくなったわけです。

イノベーションにより、大半の天然氷業者はなくなりました。しかしながら、天然氷を売りにした一部のかき氷店は行列が絶えません。それは、天然氷の価値を最大化した商品を生み出し、情報を発信し、お客様に届けているからです。このようなことは歴史上、頻繁に起こっています。変化に気づき、対応できる基礎体力をつけておくことが重要なのです。

自由度は認識の幅に依存すると考えています。人間は知っている範囲からしか選択できず、その選択の幅が広ければ広いほど自由だということです。認識の幅はどうしたら広がるのか。それは知識と行動の量に比例します。日本１周するといった物理的な移動はもちろん、書籍を読んだり、講座に出たりして知識を身につけることも立派な行動力です。

自分が経験している、あるいは他者の経験（歴史）を学んでいるから、視野が広がり、選択肢が広がります。進む方向を選ぶことができるようになれば、自分の意志で生きている時間が増えていきます。結果として人生の自由度が上がるわけです。

私はよく、「知っているけどやらないことと、知らないからできないことはまったく違う」という話をします。知識を保有した上で、やるかやらないかを「自分の意志できちんと選択している」ことが重要なのです。

自分で選んでいる生き方と、誰かの判断に流されている、あるいはそもそも選択肢があることすら気づかない生き方では、１年後のポジションは大きく変わってくるでしょう。

新しいことをはじめるのに、勇気なんて必要ありません。必要なのは知識と、ちょっとだけの行動力です。一度動き出せば、自転車のように、転げ落ちる雪玉のように加速度が増していきます。ぜひ１歩、前へ踏み出してみてください。

未来は予言できません。でも自分が望む未来を作り出すことは可能です。本書がそのきっかけとなったのであれば、これほどうれしいことはありません。

染谷昌利（そめや まさとし）

株式会社MASH代表取締役。12年間の会社員時代からさまざまな副業に取り組み、2009年にインターネット集客や収益化の専門家として独立。起業後はブログメディアの運営とともに、コミュニティ（オンラインサロン）運営、書籍の執筆・プロデュース、企業や地方自治体のインターネットマーケティングアドバイザー、講演活動など、複数の業務に取り組むパラレルワーカー。著書・監修書に『ブログ飯　個性を収入に変える生き方』（インプレス）、『世界一やさしい　アフィリエイトの教科書1年生』『世界一やさしいブログ×YouTubeの教科書1年生』（以上、ソーテック社）、『KPI・目標必達の動画マーケティング成功の最新メソッド』（エムディエヌコーポレーション）、『成功するネットショップ集客と運営の教科書』（SBクリエイティブ）、『クリエイターのための権利の本』（ボーンデジタル）、『GoogleAdSenseマネタイズの教科書［完全版］』『ムリなくできる親の介護』（以上、日本実業出版社）など39作。

副業力（ふくぎょうりょく）

2020年12月1日　初版発行

著　者　染谷昌利 ©M.Someya 2020
発行者　杉本淳一

発行所　株式会社日本実業出版社　東京都新宿区市谷本村町3-29　〒162-0845
大阪市北区西天満6-8-1　〒530-0047

編集部　☎03-3268-5651
営業部　☎03-3268-5161　振　替　00170-1-25349
https://www.njg.co.jp/

印刷／壮光舎　製本／若林製本

ISBN 978-4-534-05817-1　Printed in JAPAN